Dichterliebe/Dichterleiden

Zum Gedenken an Jennifer Nitsch
10.12.1966 – 13.06.2004

Manfred Nemann

Dichterliebe
Dichterleiden

– Gedichte –

Bibliografische Information der Deutschen Nationalbibliothek:
Die Deutsche Nationalbibliothek verzeichnet diese Publikation in der
Deutschen Nationalbibliografie; detaillierte bibliografische Daten sind
im Internet über http://dnb.d-nb.de abrufbar.

© 2009 Manfred Nemann
Satz, Umschlaggestaltung, Herstellung und Verlag:
Books on Demand GmbH, Norderstedt
ISBN: 978-3-8370-3188-1

INHALTSVERZEICHNIS

VORWORT

„Wenn ich Wind wär,
ich wär den ganzen Tag Sturm."

Diesen Ausspruch mochte Jennifer Nitsch wohl sehr, denn in ihrer Schwabinger Wohnung in München waren diese Zeilen an einer Küchenwand zu lesen.

Ob sie sich wohl damit gleichstellte?

Ich denke schon, war sie nicht selbst im positiven Sinne ein Wirbelsturm, immer unterwegs, aufbrausend und doch in sich gehend, die sogenannte Ruhe vor dem Sturm.

Es ist auch der Wind, der immer zu spüren ist in den folgenden Gedichten. Oder sind es mehr Erzählungen in Gedichtform?

Auch kommt der Schmerz über den Verlust eines geliebten Menschen immer wieder zum Ausdruck in diesem kleinen Buch.

Bücher sollten doch unterhalten und Freunde bringen, aber klingt ein musikalischer Gedanke wie zum Beispiel das „Adagietto"von Gustav Mahler nicht auch recht schön, obwohl die Atmosphäre jener Musik das Gemüt des Hörers ein wenig traurig stimmt?

Übrigens handelt es sich dabei sogar um eine musikalische Liebeserklärung des Komponisten an seine damalige junge Ehefrau Alma.

Nichts anderes wollen meine Gedichte aussagen, es sind halt eben Liebeserklärungen.

Oder denkt man an den Schluss der „West Side Story", wo ein junges verliebtes Paar nicht zueinander finden konnte, da der Tod es nicht zuließ.

Traurig, und doch irgendwie mitreissend und schön. So jedenfalls die Musik.

Ich habe diese Gedichte geschrieben, um Jennifer Nitsch ein kleines literarisches Denkmal zu setzen, damit sie nicht vergessen wird in dieser heute doch so schnelllebigen Zeit.

Ihr zu Ehren sind diese Gedichte gewidmet, jener Frau, die ich so tief und liebevoll verehre und liebe.

Möge der Leser es selbst entscheiden, ob ich den richtigen Ton getroffen habe.

Bedanken möchte ich mich bei neu hinzugewonnenen Freunden, die mich auf meinen Pilgerfahrten - ich denke an das Grab – begleitet haben.

Brigitte, Werner und Peter, nicht zu vergessen Herrn Schreyer aus München, mit dem ich lange Telefongespräche geführt habe.

Ganz besonderen Dank aber dem Vater der Schauspielerin, Herrn Wolfgang Nitsch, der mir an manchen Besuchstagen an Jennifers Grab freundlich entgegen kam und mir Einblick verschaffte in Jennifers Wesen.

Es war und ist mir eine große Ehre, dem Menschen zu begegnen, den Jennifer so sehr liebte.

Wie gern hätte ich meinem Idol persönlich die Hand gegeben. Ich bedauere es zutiefst, dass es nicht geschehen ist. Umso mehr hoffe und wünsche ich es mir, dass meine Erzählungen ihr zugetragen werden, dort oben, wo sie jetzt ist.

Der Tod mag endgültig sein, der Körper verfallen, aber die Seele lebt in den Herzen der Menschen weiter, die sie nicht vergessen haben.
Und das wird auch so bleiben, dass man sich erinnert.
Und wenn es auch nur geschieht in einem kleinen Gedicht.

Manfred Nemann

Das kostbarste Vermächtnis
eines Menschen ist
die Spur, die seine Liebe
in unseren Herzen hinterlässt

So wie der Wind, so wolltest „Du" immer sein
Frei, Dich austoben, stürmen immerzu.
Und wenn ich heute einen Sturm erlebe,
so gedenke ich Dein.
Dieser Wind, der zum Sturme ward,
bist in Wirklichkeit „Du".

VERLIEBT IN EINEN TRAUM

Zum Gedenken an Jennifer Nitschs Todestag
13. Juni 2009

War es doch im Oktober im vorigen Jahr,
als ich wandelte auf Deinen Spuren in der Münchner
Metropole.
Von fern die Turmspitzen der Frauenkirche ich sah
nicht weit von meinem Hotel, dort wo ich damals wohnte.

War es mein Sehnen und Verlangen, waren es Illusionen,
die mich umgaben.
Ich glaubte zu spüren, „Du" seiest an meiner Seite.
Welke Blätter, die da vom Herbstwind wurden gewirbelt
und getragen.
Jener Sturm, der „Du" immer sein wolltest, damals wie heute.

Gestanden hatte ich vor Deinem Schwabinger Haus und
eine weiße Rose niedergelegt.
fremde Gesichter sahen mich verständnislos an,
denn hier war es, wo „Du" einst hattest gewohnt und gelebt,
als dann jenes Unglück geschah, ich denke noch immer
stets daran.

Die Hauswand, die so fürchterlich blickte auf mich herab,
auf dem Bürgersteig, wo Dein junges Leben ein so plötz-
liches Ende fand.

Diese Blume soll Dir sagen, wie lieb ich Dich hab,
und ich küsste diese Rose im Gedenken an Dich, während
da zitterte meine Hand.

Ach, könnte ich Dir doch folgen, dorthin, wo all die klei-
nen Englein sind,
und „Du" trügest mich mit Deinen Engelsflügeln in die
Wolken hinein.
Ich weiß, „Du" würdest mich führen, ich folgte Dir blind.
Frei sein wie der Wind, wie „Du" es einst hast gewollt,
nicht gebunden zu sein.

Hörst „Du" mich, Du geliebter Engel mein, dort oben?
Hier steh ich und gedenke Dein.
Nun wirst Du wohl im Himmel mit anderen kleinen
Engeln wohnen,
während ich auf Erden an Dich denke und um Dich wein.

Am Abend in der Frauenkirche ich saß,
zum Gedenken eine Kerze, die nur für Dich brannte.
In Gedanken, in meinem Herzen „Du" warst,
zum Weinen zumute mir war, ob man es mir ansah und
wohl ahnte?

Obwohl ich Dich nicht persönlich kannte,
weiß ich, meine Liebe zu Dir ist nicht vergebens.
Im Kerzenlicht Deinen Namen ich nannte
und ich spürte Deine Anwesenheit im Licht,
„Du Liebe meines Lebens".

Poesien und Gedichte möchte ich sprechen lassen, nur für Dich.
Verzeih mir, dass ich Dich so liebe.
Denn Dich vergessen, das kann ich nicht.
Ich bin nunmal Dein treuester Verehrer, und derer gibt es heute nicht mehr so viele.

Gesegnet seiest „Du", und ich verneige mich in Demut vor Dir.
Was ist das für ein Zauber, der da so innigst in meinem Herzen sticht.
Verliebt in einen süßen Traum, der mich zusammenführt mit ihr,
denn in meinen Träumen sehne ich mich nur nach der „Einen", die stets mich denken lässt:
„Ich liebe Dich!"

ALLEIN, UNSAGBAR ALLEIN

Auf allen Wegen begleitest in Gedanken „Du" mich
bin des Wanderns müde und suche Ruhe an Deinem
seeligen Grab
Denn Dich vergessen, das kann und werde ich nicht
und meine Gedichte sollen Dir sagen, wie lieb ich Dich hab.

Dieser Wind, leises Knistern beim Zertreten der Zweige,
Äste die da brechen
Kann es sein, dass „Du" unsichtbar an meiner Seite gehst
und mir liebevoll den Wind bläst ins Gesicht?
Kann es sein, dass „Du" hälst Dein Versprechen
als Wind neu geboren, der zum Sturme sich erbricht
und Du nun als himmlisches Element weiterlebst?

Was anderes ist denn das Leben
als ein ständiges Abschiednehmen, du bitterer Schmerz
Dieser Weg, der nicht enden will, auf dem wir uns alle
bewegen
Was bleibt, sind Poesien, Sehnsüchte, Illusionen, die da
verborgen sind in meinem Herz

Allein wandere ich durch die landschaftlichen Weiten
während dieser Wind durch die welken Blätter fegt
aber wer will, der soll mich auf meinem Weg begleiten
damit ihr wisst, wie es in meinem Herzen um mich steht

Ein Monolog

Schaut her, ich bin's
steh vor euch auf dieser Bühne
will euch erzählen von jenem Dichter
von seiner Sehnsucht nach einer unerfüllten Liebe
Schaut her, hört ihr
bin ich's oder bin ich es nicht
der da erhebt seine Stimme
oder ist es der Dichter in mir, der da spricht
Mit Goethes Worten will ich zitieren
„Da steh ich nun, ich armer Tor"
Ich lebe, leide und liebe
weil ich mein Herz an einen Engel verlor
In Erzählungen und Gedichten in manch stiller duf-
tender Nacht
wär ich fast zum Werwolf geworden
habe in langen mondhellen Nächten Geschichten durchdacht
während andere Wölfe des Nachts morden
Doch des Nachts in meinen Träumen
bin ich als Wolf geschlichen zu jenem Grab
den Blick zum Mond gerichtet, ein schauriges Heulen
das Untier in mir, das sich nicht traut am hellichten Tag
Denn auf mir lastet ein Fluch
muss mein Leben lang leiden
mit leuchtenden Augen, reißenden Fangzähnen, furchter-
regenden Klauen,
ich bin verflucht

Darf mich nur im Schutze der Nacht zeigen
Die Bestie in mir ist nur nach aussen hin wild
in meinem Herzen fließt das Blut so heiß wie Lavaströme
an jenem Ort, wo das Heulen des Wolfes die Nacht erfüllt
Es gleicht dem Märchen, das da heißt: Die Bestie und die
Schöne
Schaut her, ich bin's
erkennt ihr nicht mein Leiden
es ist mein Herz, nicht das Tier in mir, das da spricht
ein böser Zauber, der mich zwingt, Menschen zu meiden
von dunklen Mächten umgeben, der da scheut das Licht
Und doch lieg ich ihr zu Füßen
meiner Liebe, um ihrem Charme zu erliegen
Ich atme am Grab den Blumenduft, den süßen
Doch ich weiß, sie würde mich niemals lieben
Mein Blut ist so rot wie der Wein der Liebe
so heiss wie das lodernde Feuer
darf nicht nachgeben dem unersättlichen Triebe
Sie kann mich nicht lieben, sieht in mir nur das Ungeheuer
Keine silberne Kugel, die mich niederstrecken kann
die mich befreien soll vom Bösen
nur ein aus Liebe gegebener Kuss
kann mich befreien aus meinem Bann
wird mich aus meinem Fluch erlösen
Nein, erschrecket nicht, seid nicht ängstlich
Am Tage bin ich scheu wie ein Reh
dann wirke ich auch wieder menschlich
und vorbei ist dieser Alptraum, gebrochen durch eine Fee
Und dieses Wunder wurde vollbracht
von einem Engel, der da ausgestattet mit allgöttlicher Macht
ja, dem ich meine Treue habe geschworen

der da von uns gegangen und nun im Winde wiedergeboren
Denn höret, Wolken türmen sich auf
zu gigantischen Massen, ein Unwetter sich zusammenbraut
Blitze und Stürme, Urgewalten, dass es einem graut
Ist es der Allmächtige, der da mit seinem Atem haucht?
Oder ist es der Engel, der zum Sturm ist geworden
Jener ist noch recht jung, will sich mal richtig austoben
Hast „Du" dich zum Unwetter gewandelt
bist „Du" wirklich hier
wird der Wind sprechen durch die Baumwipfel
die da gebeugt wehen, sprichst „Du" zu mir?
Ja ich weiß, dass ihr mich belächelt, nur zu
es gibt so vieles, was der Mensch sich nicht erklären kann
Das Unbegreifliche, das Unfassbare, es lässt uns keine
Ruh
und wenn es doch ein neues Leben gibt
wenn auch anderer Art, was sagt ihr dann
Es wurde mir still zugetragen
dass aus einem fernen Burgenland
des Nachts Elfen und Gralsritter an jenes Grab kamen
Doch wissen dies nur die Getreuen
sonst ist es niemandem bekannt
In manchen Sommernächten, so wird erzählt
an jenem Ort, wo unser Engel hat sein Schlafgemach
die schönsten Blumen, die da wurden auserwählt
zu schmücken das Grab und Engelsstimmen seufzen Ach,
Ach, Ach
Sogar in der Nacht leuchten die Blumen wie Flammen
am Grab
In meinen Sommernachtsträumen habe ich es oft be-
schrieben

Noch immer verspüre ich einen wundersamen Schmerz in
mir
wie kein anderer es vermag
denn I c h bin die Flamme, das Schwert und das Wort
um es euch hier zu künden und zu dokumentieren
Ja, ich bin die Flamme, welche da für meine Liebste ewig
brennt
Ich bin das Schwert, das da zuschlägt und das Böse vom
Guten trennt
Doch „Du" bist das wilde Wasser, das da herniederstürzt
zum Regenbogen gebrochen im Licht
Ich bin die Feder, das Wort
welches da für meine unsagbare Liebe spricht
Es gab Nächte, in denen ich viel gedichtet und geweint
und blutige Phantasien, die da für mich würden enden
tödlich
denn in Gedanken bin ich schon längst mit meiner Lieb-
sten vereint
da ich möchte meinem Engel so nah sein wie möglich
Und wenn ihr einst dieses werdet lesen
so ward ich 'nicht mehr unter euch weilen
Mein Körper wird dann sein längst verwesen
während meine Seele dann wird zu meiner „Liebsten"
aufsteigen
Ob sie wird mich erwarten
und mich führen in den himmlischen Garten
Ich wünsch es mir, doch ich weiß es nicht
„Ihr" endlich gegenüber zu stehen von Angesicht zu Ange-
sicht
Schaut her, ich bin's
lasset nun die Gedichte sprechen

denn nach mir tritt auf ein Romantiker
mit seinen poetischen Sorgen
Diese Erzählungen, entstanden in träumerischen Nächten
niedergeschrieben damals bis zum frühen Morgen
Hört nun, was euch der Dichter will sagen
in seinen Erzählungen, die einem Engel gewidmet sind
Oh, ich vergaß zu erwähnen seinen Namen
Jennifer Nitsch heißt sein Idol, die nun weiterlebt
in seinem Herzen und die nun geworden ist zum stür-
mischen Wind
Genug der Worte, der Dichter nun spricht
geh nun ab von dieser Bühne
werde zurückziehen jetzt mich
denn nun gehört die Szene meiner großen Liebe

„WENN DU DURCH MEINE TRÄUME GEHST"

Wenn Du durch meine Träume gehst
bin ich glücklich und fühl mich nicht so allein
Es ist, als wenn „Du" in meinem Herzen weiterlebst
denn nur im Traume kann ich mit Dir seelig sein

Meine Sehnsüchte möchte ich in schöne Worte kleiden
um Dir zu sagen, was ich für Dich empfinde
Nur so kann ich Dir meine Liebe zeigen
ich gestehe, dass ich mit meiner Fassung ringe

Warum, warum weine ich des Abends, wehmutsvolle
Sorgen,
jener Schmerz, der in meinem Herzen mich so tief berührt
Meine Tränen sind mir schon zur Gewohnheit geworden
Ich liebe Dich von ganzem Herzen, das habe ich immer
gespürt

Was ist das, was mich so nachdenklich macht –
sind es Deine leuchtenden Augen, die so traurig blicken
hernieder?
Warum denke ich immer nur an Dich in durchwachter
Nacht?
Ist es Deine markante Stimme, die ich höre im Geiste
immer wieder?

Ist es Dein Mund, den ich so gerne küssen mag,
oder Dein Charme, der mich so betört?
Ist es Deine unvergleichliche Art,
dass ich nicht mehr klar denken kann, da ich so verwirrt?

Ich träume manchmal, Du schläfst in einem gläsernen Sarg
wie einst Schneewittchen aus vergangener Zeit
Ach, wie gerne würde ich Dich küssen, lieblich und zart,
und wir schlummern unseren süßen Traum der Zweisamkeit

So träume ich von Dir in meiner Phantasie
mein Blick wandert den Wolken nach, die dort oben ziehen
Du bist so weit fort, mir bleibt nur meine Poesie
denn nur aus der Ferne darf ich Dich lieben

Wie unendlich ist doch dieser Weltenraum
ob sich unsere Seelen finden, dort oben, irgendwann,
irgendwo?
Möchte gar nicht mehr erwachen aus meinem sehnsuchts-
vollen Traum
Warum, warum nur berührt mich das alles so?

Und wenn dann jener Tag wird kommen, da ich werde
geh'n —
dahin sind dann all die Jahre, wo ich Dich so vermisst
Das „Wir" uns endlich gegenüber steh'n,
tröstet es mich doch zu wissen, dass „Du" auch im Him-
mel bist

Verneigen werde ich mich vor Dir und Freudentränen
fließen
„Du" bist mir nur vorausgegangen, Du lebst – Du lebst
Dich dann endlich in meine Arme schließen
all das seh ich, wenn Du durch meine Träume gehst

DICHTERLIEBE

Prolog
Was ist das, was ist mit mir geschehen?
Welch' unsichtbare Macht läßt mich nicht ruh'n?
Ich selbst vermag es nicht zu verstehen
„Dir" nah zu sein, hat mit meiner Dichterliebe zu tun

München, Du Stadt mit Herz,
ich könnte mich in Dich verlieben
Doch mein Inneres ist erfüllt vom Schmerz
nur meine Sehnsüchte sind mir geblieben

Sehnsucht nach der einen Frau, die ich so liebe
sind denn all die Erinnerungen vom Winde verweht?
Nein, ein Dichter ist gefahren, derer Stunden viele
Ist gekommen, um zu gedenken, wo „Sie" gelebt

So komme ich, um Worte an „Dich" zu richten
in dieser Stadt mit ihrem Glanz und ihren Lichtern
„Du" lebst nun mal in meinen Gedichten
Ich weine um Dich, Dein Dich liebender Dichter

Vor Deinem Haus möchte ich Deiner gedenken
und lege eine Blume für Dich nieder
wie gern würde ich auch mein Herz Dir schenken
Doch „Du" bist im Himmel und siehst auf mich hernieder

Durch den Flur betrat ich ihr Haus
und vernahm das Knarren der Treppendielen
Hier ging meine „Liebe" ein und aus
Ich fühle ihr Wesen, als wär sie noch geblieben

An ihrer Wohnungstür wankte ich mit Bangen
berührte den Türgriff vorsichtig und zart
Es war mir, als wär sie nur ausgegangen
und ich spürte im Haus dennoch ihre Gegenwart

Und während ich in Gedanken verloren
ein himmlischer Atem mich liebevoll umweht
„Ich fühle mich jung", wie neu geboren
„Du bist in mir", in meinem Herzen, was da schlägt

Selbst den Lift, den sie genommen
der von innen mit Spiegelglas verziert
hier hat mein Engel ihr Angesicht wahrgenommen
drückte die Tasten 4 und E, die sie ja auch berührt

Ein Sektglas, aus dem „Sie" getrunken
wurde mir freundlicherweise übergeben
Meine Hände zitterten, was für ein göttlicher Funken
Ich durfte es behalten und habe es liebevoll angesehen

Mit ihren Lippen hatte „Sie" das Glas berührt,
und ich spürte das Verlangen, es zu küssen
Ach, wie gern hätt ich sie zärtlich verführt
Doch der Anstand verbietet mir es, niemand darf es wissen

In diesem Haus hat jener Engel gewohnt,
jener, der mein Herz für sich gefangen nahm
„Sie" die helle Sonne, ich der kleine Mond
der jetzt zieht ohne sie seine Bahn

Und als ich aus dem Hause trat
erklang in mir eine wehmutsvolle Melodie
Es war jenes Lied, das mich umgab
„Moon River" aus dem Film: „Frühstück bei Tiffany"

Jennifer liebte diesen Film und seine Melodie
Ja, ich glaube, daß „Sie" es musikthematisch auch ist
Diese Melodik klingt nach ihr, welche Harmonie
Vernehm ich diese Musik, weiß ich, dass „Du" mir nahe bist

Eine Kirche, in dieser Stadt wohlbekannt
die da „Liebfrauen" wird genannt
dort habe ich im Stillen gesessen in Andacht
und sah hinauf zur himmlischen Macht
Als plötzlich mich traf ein Licht durchs Kirchenglas
Konnte das eine himmlische Botschaft sein?
Nun weiß ich, dass „Du" es warst
und ich entzündete eine Kerze zum Gedenken Dein'

Und als diese Kerze ihr Licht hergab
sprach ich aus leise Deinen Namen
möge dieses Licht leuchten bis an Dein seelig Grab
und Dich erlösen von allen irdischen Qualen

Lange verweilte ich
und sah Gottes Sohn ins Angesicht
als da eine innere Stimme spricht:

> *„Sieh mich an*
> *Dass Du gekommen bist zu mir*
> *brauchst Deine Tränen nicht zu unterdrücken*
> *denn Deine Zuneigung wird wahrgenommen von „Ihr"*
> *Komm, ich möchte trösten und Dich erquicken*
> *Geh, mache es zu Deinem Ziele*
> *und sei ihr Poet auf Erden, gedenke mit Deiner*
> *Dichterliebe"*

Menschen tuschelten um mich herum
„Seht diesen Mann, er wirkt so nachdenklich in sich"
Ich hörte sie reden, doch ich blieb stumm
Meinen Engel beweinen und für sie beten, das möchte ich

Ja, es ist eine „Dichterliebe" entstanden
zu jener Frau, die mein Herz so beseelt
Küsse in Gedenken zärtlich ihre Wangen
und schreibe Gedichte, weil sie mir so fehlt

Auf meinem Zimmer in dem kleinen Hotel
laufen Tränen, weil ich so oft an Dich denke
Dein sehnsuchtsvoller Blick tröstet mich einsamen Gesell
Ach, wenn Dein Bildnis doch nur sprechen könnte

Münchener Bahnhof
Es galt Abschied zu nehmen
Ein Schluchzen, ein kleines Mädchen mochte es sein
als da begann, ihr Luftballon zu schweben
höher und höher, bis in den Himmel hinein

Ach, wer zupft dort an meinem Beinkleid
Das kleine Mädchen, das da weint
Sei nicht so traurig, mein liebes Kind
vielleicht ist Dein Ballon für einen Engel bestimmt

Schau nur, wie frei er sich bewegt
nicht gebunden an Deiner Hand
Sieh nur, wie er mit Freude in die Ferne schwebt
in ein uns unbekanntes Märchenland

Mit großen Augen sah sie mich
Eine Träne, die zu laufen begann
Mit ihrem kleinen verweinten Gesicht
nahm ich sie auf in meinem neuen Gedicht

Wie ein Engel schwebte der Ballon dahin
immer weiter und höher, bis nichts mehr zu sehen bliebe
„Wie Jennifers Seele“, so kam es mir in den Sinn
ist sie doch nun auch im Himmel, meine große Dichter-
liebe

Eine Rose zum Gedenken

Gehweg am Haus

Das Wohnhaus in München Schwabing

Eingang zum Haus

Treppenstiege zur Wohnung rechts

SOMMERNACHTSTRAUM III
>DER DICHTER SPRICHT<

Prolog
Ja, lauschet nur, der Dichter spricht
will seine Gedanken mitteilen, die da brennen
und niederschreiben zu einem Gedicht
zu der Frau, die er liebt, will er sich bekennen

Ich möchte euch erzählen von Engeln, Elfen und Feen
Doch nicht ein jeder kann sie hören oder sehn
Ihr glaubt mir nicht?
Dann lest diese Geschichte, was euch der Dichter spricht

Schön war dieser winterliche Tag
und die Sonne liebkoste zärtlich die Grabesblumen
Sie schmiegten sich verliebt aneinander gepaart
und sehnten der Abenddämmerung entgegen, um zu ruhen

Dort am Strande, wo die Wellen brechen
und der Mond die Gezeiten bestimmt
dort wo die Böen zum Sturme werden über Landesflächen
wo die Wolken ziehen beherrscht vom Wind

Still und ruhig ist es geworden
an diesem Ort, wo jene Grabesstätte gelegen
weit muss man pilgern, bis hoch in den Norden
um das Grab eines Engels zu besehen

Denn in manch stiller Stunde
wenn die ersten Sterne sind zu sehn
spielen sich Szenen ab aus märchenhaftem Bunde
wie es schon so oft geschehn

Sehnsüchtig schaut der Mond von oben herab
es dunkelt, ein unsichtbarer Zauber geht umher
andächtig still ist es geworden am Grab
und von der Ferne rauscht das Meer

Und nicht weit davon am Nordseestrand
man aus der Ferne hört den Sirenengesang
hierher hat Neptun seine Untertanen befohlen
haben kleine Waldgeister sich dort zurückgezogen

Und als die Dunkelheit bricht herein
im Wald die Eule vom Baum herunterschaut
Sie beobachtet den Bund von kleinen Grabhütern, der da
geheim
Die da schmücken das Grab, bis der Morgen graut

Es ist wie im Märchen, man glaubt es kaum
als unsichtbare kleine Elfen wie im Sommernachtstraum
unseren schlafenden Engel behüten
und das Grab pflegen und in Arbeit wüten
Rote Grablichter beleuchten diesen Ort der Ruhe
und nachdenklich lehnt unser Dichter sich an einen Baum
Er liest Liebesgedichte aus einem Buche
und hört im Geiste Musik aus Mendelsohns Sommer-
nachtstraum

Ach, könnte er Noten setzen wie Worte in Gedichte
eine Tondichtung voller Liebe und Poesie
ein musikalischer Roman gleich einer Liebesgeschichte
eine Musik, die aus seinem Herzen fließt, eine roman-
tische Symphonie

Hört Ihr, die Nachtigallen singen einen süßen Gesang
und der Dichter ist im Innersten so bewegt
es wird ihm so weh und bang
Ist es sein Herz, was so aufgeregt schlägt?

„Wie ist das, wenn man dort oben im Himmel ist
stimmt es, dass kleine Engel miteinander spielen
Weiß ich doch, dass „Du" jetzt auch ein Engel bist
unter den vielen konnte ich mich nur in „Dich" verlieben"

Und die kleinen Kobolde tuscheln
seht des Dichters Tränen und sein Liebeswehn
und alle im Unterholz tappseln und wuscheln
während unsichtbar liebäugeln versteckt kleine Feen

Dort steht der Dichter und spricht mit dem Grabesstein
und glaubt hier allein zu sein
ahnt nicht, dass die kleinen Wichte
unbemerkt lauschen seiner Liebesgedichte

Haben Engel denn ein Grab?
Denn eigentlich sollten sie im Himmel sein
doch hin und wieder, so wird gesagt
ruhen sie auf Erden unter ihrem Grabesstein

Da sitzt der Dichter mit seinem Wehmutswahn
und stützt den Kopf in seine rechte Hand
so wie damals die Romantiker es getan
und schwelgt in einem dichterischen Gesang

"Du meine Sonne, Du mein Licht
Du mein Engel, den ich so liebe
Du mein besseres Ich
Du meine Welt, in der ich lebe"

"Du bist meine liebste Seele
Du gibst mir inneren Frieden
Du bist der Grund, dass ich vor Wehmut vergehe
Denn dich werde ich ewig lieben"

"Du bist in mir das Licht, das ewig brennt
Du bist das Feuer, das niemals stirbt
Du hast mich mit deinem Dasein beschenkt
Du hast mein Herz, was nur Dir allein gehört"

"Ach, ein jeder hat sein "Liebstes" auf Erden
will gar nicht nach anderen Mädels schaun
Ich möchte wohl und kann sie nicht begehren
und küssen kann ich sie doch nur im Traum

In dieser Nacht wollen die Elfen ihren kleinen Engel
verwöhnen
und zum Schlafe einen lieblichen Gesang ihm singen
nah aus der Kapelle begleitet von abendlichen Glockentönen
bringen Engelsstimmen einen märchenhaften Zauber
zum klingen

Hört Ihr es, ein wehmutsvoller Klang
leise erklingt von fern zärtliche Musik
Sind es Elfenstimmen mit ihrem wehmutsvollen Gesang
vorgetragen unserem Engel, der da von allen geliebt

Es klingt so träumerisch von himmlischen Stimmen
dass man spürt einen wehmütigen Schmerz
Süße, kleine, helle Stimmen, die da singen
bim bam, bim bam, Klänge die da gehen ans Herz

In jener winterlichen Weihnachtsnacht
wollen die Schneeflocken nieder sich legen
und werden kleine Geschenke und Gaben dargebracht
wundersame Dinge, die heut Nacht hier geschehen

Dort sitzen alle Kobolde wie an des Ritters Tafelrunde
und beehren das Grab mit ihrem Dasein
„Seid willkommen in diesem Bunde
denn wir lassen unseren schlafenden Engel in dieser
Nacht nicht allein"

Ja, am Grab sitzen sie alle zusammen
die Elfen, Gnome und ein unbekannter Dichter
seht die Blumenpracht, sie leuchtet wie Flammen
und man sieht die Demut in ihren Gesichtern

Und während die kleinen Geister behüten ihr Grab
ist der Dichter in sich gekehrt
ein schwärmerisches Feuer sein Herz umgab
für die Frau, die er so liebt und verehrt

Geheimnisvoll dämmert ein Licht in dieser Nacht
welches von den kleinen Wichten wurde entfacht
Haben sich dort noch weitere Besucher eingefunden
und fühlen sich dem geistig romantischen Bund verbunden?

Denn noch eine Begebenheit möchte ich erwähnen
um es den meinigen Lesern zu erzählen
kleine Zwerge ducken sich im Unterholz, die berühmten
„Sieben"
weil, fast unbemerkt, sind zwei Besucher erschienen

Wie aus dem Nichts stehen da
die Romantiker in Andacht versunken
durchaus ein seltsames Paar
vom Himmel gesandt wie ein göttlicher Funken

Der eine groß und stämmig gebaut
der andere eher klein und zart
der eine sprach recht leise, wenig laut
der andere aufgeregt, so seine Art

„Tretet näher und betragt Euch schön romantisch, Ihr
Herren
denn an diesem Ort ruht ein Engel in süßem Schlaf
Wir wollen ihn beweinen und ihn ehren
Sprecht leise, da seine Ruhe nicht gestört werden darf"

„Hier also liegt unseres Dichters Liebe begraben
die wir auch heute Nacht mit Blumen wollen verehren
aus seinen Gedichten kennen wir ihren Namen
Sein Herz, das er verloren, seinem Engel soll es nun gehören"

„Damals", so der eine sprach
„kannte meine Mathilde nicht einmal meine Reiseberichte
Aber ich liebte sie dennoch in meinem Gemach
und ich verewigte sie in vielen meiner Gedichte"

„Ich selbst musste um meine Clara ringen
weil ihr Vater ward dagegen
Doch wenn zwei Herzen sich lieben und sich finden
es gibt nichts schöneres, als in Musik sich hinzugeben"

„Nur unser Dichterfreund, der in sich geht und schweigt,
hat seine Liebe nur aus der Ferne gekannt
Was für ein Kummer, was für ein Leid
sein Liebeswehn wurde vom gerechten Gott nicht erkannt"

„Lasst uns noch ein wenig verweilen
weil es unserem Dichter so gefällt
Wir wollen seine Wehmut mit ihm teilen
bevor wir gehen in die unsere Welt"

Und wo Dichter und Komponist gestanden
sich die kleinen Waldgeister einfanden
ganz still versteckt unter gebrochenem Zweige
beobachten sie die beiden Romantiker Schumann und
Heine

Klingt es nicht wie ein Märchen aus längst vergangener
Zeit
von dem der Dichter spricht
denn ein jeder, der in Andacht hier verweilt
spürt die Wehmut und sein Herz, das einem bricht

Wir wollen nicht viel reden
wir wollen uns nur ausschweigen
denn dort oben, im hohen Norden, hinter den Dünen
wollen wir unsere Sehnsüchte mit Gleichgesinnten teilen

Darum hört, was der Dichter spricht
der in sich versunken am Grabe weint
und sehnsuchtsvoll seufzt „ich liebe Dich"
am liebsten wär er mit dem schlafenden Engel vereint

Und obwohl man sie nicht sehen kann
die Elfen, Kobolde und Feen
schließt sich um den Dichter ein märchenhafter Bann
Denn nur im geistig romantischen Denken kann man sie
sehn
Jene Erzählung sollte nun zuende sein
Doch da stellt noch ein weiterer Besucher sich ein
Ein Ritter aus längst vergangener Zeit, laut Sage
stolz trägt er sein Schild und hält es schützend am Grabe

Ja, von einem großen Schwan, so wurde erzählt
ließ er sich durch die Lüfte tragen
um unserem Bund beizustehen, wurde er auserwählt
und auf seinem Wappen steht seinesgleichen Namen

Er kniet hernieder und verneigt sein Haupt
Ein Bote des Herrn, der ihn vom Himmel gesandt
Tief in sich versunken, ruhevolle Stille, kein Laut
Es ist jener Ritter, der da „Lohengrin" wird genannt

„Seid willkommen, edler Ritter Deiner Zunft
Es ist uns eine Ehre, Euch in unserer Mitte zu haben
Wir alle erfreuen uns Deiner Gunst
und huldigen unserer „Liebe" mit Blumengaben"

Und der Ritter sprach:

„Aus einem fernen Land ward ich gekommen
mein Name ist euch wohlbekannt
Unser Herr hat jenen Engel zu sich genommen
seid gewiss, „Sie" wurde berührt von Gottes Hand"

„Es ist der Wunsch meines Herrn, es euch zu verkünden
Euer Engel trägt ein göttliches Gewand
Darum sind wir hier, um uns zu verbünden,
um zu bekunden hier auf Erden unseren Beistand"

„Seht auf diesen Grabstein, der da ihren Namen trägt
hört, die Ihr den Weg hierher fand'
Gedankt sei Euch allen, die Ihr das Grab pflegt
Ich soll Euch grüßen von dem Engel, der da „Jennifer"
wird genannt"

„Hier steh ich, und lasst Euch sagen,
ihre Seele weilt unter uns, seht das flackernde Licht der
Kerzen
Ich spreche zu Euch in Gottes Namen
Sie ist in uns und lebt weiter in Euren Herzen"

Und der Ritter abgewand zum Dichter sprach:

„Des Dichters Liebe ist die Einsamkeit
wie es vergönnt ist nur den wenigen
Denn seine Gedanken, die er da in Worten niederschreibt
sind zum Gedenken, um unseren Engel auf ewig zu
würdigen"

Und all die Untertanen hörten dem Ritter aufmerksam zu
und waren von seinen Worten tief bewegt
ein seeliges Beisammensein, ewige Ruh
Wissen wir doch, dass unser Engel in uns weiterlebt

Nun, wollt Ihr wissen, wo jenes Grab ist gelegen
das da liegt verborgen und nicht jedem bekannt
dort wo die Möwen sich bewegen
im Sommer wie im Winter der Küste entlang

Es sind nur wenige Romantiker, die hier verweilen
um einen lieben Menschen mit Blumen zu beschenken
doch nur bis zum Abend sollte man bleiben
um seines liebgewonnenen Engels zu gedenken

Denn wie schon erwähnt, hört mir zu
spielen sich nur des Nachts wundersame Szenen ab
Denn als Sterblicher darf man nicht stören die Ruh
wenn da kommen die kleinen Geister zum Grab

Doch wer das Grab am Tag will besehen
der findet kleine Grabsteinengel, die da sind zugegen
Denn tagsüber bleiben sie wie versteinert stehen
da sie nur des Nachts erwachen zum Leben

Oh, Ihr glaubt, ich habe diese Erzählung mir nur ausge-
dacht
Dann geht in Euch, denkt weniger mit dem Verstand,
mehr mit dem Herzen
Jener Bund existiert nur in manch stiller Nacht
Denn es liegt mir fern, zu scherzen

All die Besucher des Grabes in diesem Gedicht
sind nicht nur meiner Phantasie entsprungen
Denn der Erzähler und Dichter, der bin ich
und ich fühle mich an mein Wort gebunden

Ihr Leser, denkt doch einmal nach
und hört auf das, was der Dichter spricht
Die Poesie der Sehnsucht ist in uns allen noch wach
das ist der Grund, weshalb entstand dieses Gedicht

Auf bald, ihr Elfen und Feen
ihr Romantiker, mein edler Ritter
Euer Dichter muss nun aufbrechen, um zu gehen
Ihr bleibt zurück als Grabeshüter

Lebt wohl, Ihr guten Geister meiner Sinneswahl
Eure Anwesenheit hat mich zutiefst berührt
Behütet jene Grablichter, als sei es der heilige Gral
so wie es einem liebgewordenen Engel gebührt

Bald, wenn die Sonne durch die Wolken bricht
und ein neuer Tag erwacht
verziehen im Morgengrauen die kleinen Wichte sich
und vorbei ist die verträumte, poetische, romantische Nacht

Viele Gräber sind für sich allein
nur das uns bekannte eben nicht
Es wird immer jemand beim schlafenden Engel sein
Das ist es, was Euch der Dichter verspricht

Träumerische Momente

Prolog

Was man nicht alles durchdenkt in mancher Nacht
sprechende Bilder, die mir im Geist erscheinen
meine sensible Lyrik, sie hält mich wach
Es sind träumerische Momente, die sich mir zeigen

Die ersten zwei Zeilen sind nicht in meinem Kopf entstanden
sie sind dem Dichter Heine entliehen
doch will ich ihm die Anregung danken
um mit meinen Worten auszusprechen, was es heißt zu lieben

Ich hab im Traum geweinet
mir träumte, „Du" lägest im Grab
sehnsuchtsvolle Wehmut hat mich in den Schlaf begleitet
und Tränen liefen von meinen Wangen herab

Ich hab geträumt, „Du" riefest meinen Namen
und erwachte und blickte mich um
Ich sah hinüber zu Deinem Bildnis im Rahmen
doch Dein Portrait auf meiner Nachtkommode blieb stumm

Hörst Du des Nachts mein Flehen
dass ich vor Wehmut nicht schlafen kann
meine Gedanken, die sich nach Dir sehnen
Du mein geliebtes Mädchen, das ich so lieb gewann

Ach, wüßtest Du doch, wie sehr ich Dich liebe
Du bist eine liebenswerte Erscheinung und so galant
Verehrt habe ich Dich in Gedichten und derer viele
und „Du" hast mich noch nicht einmal gekannt

Ach, ich liebe Dich wie Keine
doch mein Herz liebt vergebens
Ich möchte Dir huldigen mit jeder Zeile
und bin doch angegriffen an der Wurzel meines Lebens

Du hast das Leben geliebt und doch beweint
weil niemand ahnte, wie es um Deine Seele stand
Nach aussen hin hast „Du" Dein Lächeln gezeigt
so liebevoll, das uns allen so bekannt

Doch in Deinen Augen sah ich jenes Liebesleid
einen Kummer, den „Du" nicht auszusprechen wagst
kann es sein, dass Deine Seele hat geweint
über Deine Einsamkeit, die „Du" uns nicht mitteilen magst

Es ist, als könnte ich aus Deinem Herzen sprechen
und ich ahne, welcher Druck auf Dir gelastet hat
Wie schnell kann ein Mensch innerlich zerbrechen
dass man zertreten wird wie ein am Boden liegendes Blatt

Es wird gesagt, dass Engel auch auf Erden erscheinen
nur wann, das kann niemand uns benennen
versteinert sieht man sie vereinzelt an Grabessteinen
Doch wenn „Du" mir begegnest, werd' ich Dich erkennen

Ach, wärst „Du" heut noch im Leben
Liebesgedichte würde ich Dir schreiben
Doch nur schriftlich würde ich mich zu erkennen geben
um meine Sehnsüchte Dir mitzuteilen

Ja, in Versen möchte ich um Dich werben
um liebe Worte Dir zu beichten insgeheim
Sie haben den Sinn, Dich zu lieben und zu verehren
doch möchte ich nicht gar aufdringlich sein

In meinem Traum sah ich Dich vor deinem Haus Joggen
gehn
wie „Du" es so oft am Morgen getan
es war eine Freude, Dich laufen zu sehn
Die Sonne am Himmel war mild und so warm

In München, im Englischen Garten
bist „Du" zu mancher Zeit gewandelt
und die kleinen Blumen, die sich dort paarten
sahen Dir nach, wie „Du" vorbei geradelt

Und jene Blumen, sie duften und flüstern einander zu
„Seht, ein Rotkehlchen ist soeben herbeigeflogen,
es singt eine Melodie," setzt sich zur Ruh
ein Liebeslied es trällert, gesandt von einem Frühlingsboten

Und dieser Frühlingsbote, der bin ich
und bitte das Vöglein, dass es noch bliebe
Denn im Schlafe träume ich von Deinem lieben Angesicht
und laß das Rotkehlchen erzählen von meiner Sehnsucht
und Wehmutsliebe

Und nicht weit vom Park entfernt
rauschte ein wildes Wasser mit seiner Gischt
Ein Fluss, der da auf den Namen Isar hört
und ich fühlte mich inspiriert zu diesem folgenden Gedicht:

Im wilden Wasser bunte Steine
sah ich liegen am Isarstrand
Ich blieb stehen für eine Weile
und schritt nachdenklich am Ufer entlang

Ist es der Weg der Vergangenheit
sind es die Erinnerungen, die da bleiben
Dein Antlitz leuchtet uns für alle Ewigkeit
wir wissen es, die da um Dich weinen

Sind wir nicht gleich wie bunte Steine
die da liegen schon seit langer Zeit
lang müssen wir verweilen, „Du Liebe – Du Meine"
bis uns das Wasser weiter treibt

Obwohl ich weiß, dass ich es träume
ängstigt es mich, finstere Melancholie, die mich treibt in
den Wahn
aber „Du" läßt mich nicht los, Du Gute, Du Eine, Du Meine
denn Dein guter Geist hält mich in der Bahn

Bis heute konnte ich mich nicht mehr verlieben
denn „Du" hälst mein Verlangen nach neuer Liebe im Zaum
nur meine Gedichte an Dich sind mir geblieben
und zurück bleibt ein Dichter mit einem wehmütigen
Traum

Nun folge ich Deiner Spur, die „Du" bist gegangen
„Du" wundervolle Seele aus dem goldenen Licht
Ich komm nicht los von Dir, „Du" hälst mein Herz gefangen
Ach, nimm mich in Deine Arme und tröste mich

Es war da etwas Unnahbares, was mich berührte
in jener Nacht, als ich träumte von Dir allein
Und gleichzeitig ein zärtliches Streicheln meiner Wangen
ich spürte
und eine Stimme sprach „Gedenke mein"

„Gedenke mein", so klingt es in mir nach
dass jene Worte, die ich deutete
und ich erwachte aus meinem Traum, und ach
sah ich Dich entschwinden, während die Abendsonne
Dich herzlich umleuchtete

Nun weiß ich, dass „Du" ein schöner Engel bist
mit einem Fensterplatz dort oben in den Wolken
und „Du" siehst herunter, wie es auf Erden ist
und es läuten im Gedenken an Dich die irdischen Glo-
cken

In jener Nacht flüstere ich in die Dunkelheit, die mich
umgibt
Sei willkommen mein Engel, zum romantischen Ambiente
ich stell' mir vor, dass es so sei, da ich ja so in Dich ver-
liebt
Doch es sind eben halt nur träumerische Momente

Aus meinem Traum bin ich erwacht
und sehe das Licht in den Augen Deines Portraits
Ich möchte träumen von Dir, mein Mädchen, gute Nacht
und weiter an Dich denken, auch wenn es schmerzt, so
weh, so weh

GRAB-FREUNDE

Prolog
Gute Freunde findet man nicht jeden Tag auf Erden
und doch kam auf mich zu jener Tag
an dem neue Freundschaften geschlossen werden
denn meine Grabfreunde fand ich an „Jennifers Grab"

Gräber habe ich schon viele gesehn
von Dichtern und Denkern aus vergangener Zeit
aber nicht ein jeder vermag dies zu verstehn
Doch das sind diese Menschen mir wert, auch wenn der
Weg noch so weit

Ich habe in Bonn das Grabdenkmal von Schumann
besucht
das Brahmshaus in Baden-Baden
hab in Wien auch Beethovens Spuren gesucht
und wurde sogar in Mahlers Villa am Wörthersee einge-
laden

Doch wenn man mich fragt, wo ich am liebsten wär
so kann es nur eine Antwort geben
Ich liebe Jennifer Nitsch so sehr
weshalb ich pilger jedes Jahr, um ihr Grab zu sehen

Und wenn ich dann am Grabe steh,
so schmücke ich es, als wär es mein
Es bricht mein Herz und tut so weh
und lege Blumen nieder, um meine Liebste im Stillen zu
bewein

Denn unter diesen Blumen schläft sie
mit geschlossenen Augen einen langen süßen Traum
und ich schwelge andächtig in meiner Poesie
und eine Nachtigal singt dazu hingebungsvoll, sitzend im
Baum

In diesem Moment möchte ich nur traurig sein
und ein leichter dichter Morgenduft uns vereint
Ich spür ihre Nähe und fühl mich nicht allein
und möchte ihr soviel sagen, doch mein Mund, der schweigt

Wohin mich der Weg auch führt
„Du" sollst wissen, dass ich für „Dich" lebe
Denn „Du" hast mein Herz berührt
weshalb ich Gedichte schreib, Du meine poetische Seele

Seh ich Deinem Portrait ins Gesicht
erkenne ich eine Schwermut in Deinen Augen
ist es jene Leere, die in sich zusammenbricht
und es fehlt ein Partner, der da kann helfen und aufbauen

Von Elfen, Wichten und Feen habe ich geschrieben
die da in der Nacht das Grab pflegen
Doch gibt es auch irdische Menschen, die unseren Engel lieben
um im stillen zu gedenken und mit ihm zu reden

Von der Reise möcht ich heut nicht viel erzählen
da ich dies in anderen Gedichten schon getan
Doch möchte ich meine neuen Freunde erwähnen
mit denen ich diese Reise unternahm

Drum seien sie hier auch vorgestellt
Der Werner, der Peter und die Brigitte
Ihr seid nun Mitwirkende in diesem Gedicht, weil es mir
so gefällt
Ihr erlaubt es mir doch entsprechend meiner Bitte?

Es war im Sommer des Jahres Zweitausendundsieben
als wir uns zum ersten Mal gesehen
Lange sind wir am Grabe stehengeblieben
Es wurden Freundschaften geschlossen, dies nur zu er-
wähnen

Die Brigitte liebte sie als Schauspielerin in ihrer Kunst
Der Werner hätt sie so gern als Tochter besessen
Der Peter, ein großer Verehrer, war auch unter uns
Und ich, der hoffnungslos verliebte Dichter, kann sie
nicht vergessen

Aber auch erzählen möchte ich vom Vater unserer Jennifer
der uns so freundlich entgegen kam
Er brachte uns eine Anekdote zu Gehör
über den berühmten „Harzer Käse", den Jennifer laut
schimpfend ihm übel nahm

Ich habe über diese Szene nachgedacht
als ihr Vater sie zum Spaß in den Dorfladen geschickt

Erst auf dem Rückweg kam ihr der Verdacht
dass man sie reingelegt mit einem üblen Trick

Beide haben wohl später laut darüber gelacht
Damals, als Jennifer noch ein kleines Mädchen war
Diese Geschichte hat uns alle zum Lachen gebracht
und doch geht mir diese Anekdote recht nah

Nun stehen wir wie Figuren in einem Bild
die wir alle läger gelebt an Jahren, wir Alten
Der Tod hat Jennifer aus dem Leben gerissen, brutal und
wild
Von welch bösem Geist wurde die Reihenfolge nicht ein-
gehalten

In Gedanken war ich bei Jennifer
ob sie aus dem Fenster schaut, dort oben aus den Wolken
ach wenn sie jetzt doch bei uns wär
Deine Verehrer, die Dich so gerne kennenlernen wollten

Am Grabe stehend betrachte ich die Wipfel der Bäume,
die da ruh'n
wie die Blumen am Stein gemeinsam schlafen in stiller Ruh
Sie stehen dicht an dicht und senken ihre Köpfe nun
und eine innere Stimme zu mir spricht, bald ruhest auch Du

Und als ich so versunken, bleiben meine Freunde bei mir stehn
da, an meiner Tasche, ein kleines Bild von Jennifer ist zu sehn
Ich trage es aus Liebe, nur für sie allein
Es stellt ein Bündnis dar, doch das bleibt vor den anderen
geheim

Wir saßen am Nachmittag noch im Garten
und sind uns im Gespräch näher gekommen
Nie werd ich den Abschied vergessen, als wir uns umarmten
Ich hab Jennys Vater recht lieb gewonnen

Auch erinnere ich mich, dass es Jennys Vater war
der mich in seinem Auto hat gefahren
Es war der gleiche Platz, wie sonderbar
wo Jennifer gesessen, als sie noch lebte vor einigen Jahren

Ich spürte meine unterdrückten Tränen
die meine Trauer tief in mir verübte
es war mir eine große Ehre, mit ihm zu reden
neben dem Vater zu sitzen, den Jennifer so sehr liebte

Ach Werner, ich vermag zu verstehen
dass Du Jennifer gern zur Tochter gehabt
Doch auch ich muss damit leben
dass sie mich persönlich nicht gekannt hat

Ich habe Jennifer Nitsch geliebt und verehrt
und hoffnungslose Sehnsucht, jetzt wo sie ist tot
Schlaflose Nächte, die da an meinem Gemüt haben gezehrt
Sie ist mein alles, als wär es mein täglich Brot

So saßen der Werner und ich an der Kapelle
und ehrten Jennys Geburtstag, von dem wir gewußt
Wir waren damals die einzigen Pilger an jener Stelle
und man sah ihn uns an, den seelischen Verlust

Ach, wär unsere gemeinsame Liebe noch im Leben
dann wären wir Freunde wohl nie zusammengekommen
Gedichte in dieser Form hätte es nie gegeben
und ein jeder von uns hätt einen anderen Weg genommen

Menschen, die vorher nichts voneinander gewußt
geben sich zum Trost freundschaftlich die Hand
Sie beklagen den so unerträglichen Verlust
und nehmen den Vater in die Mitte, halten ihm Beistand

Ach liebe Freunde
wenn wir am Grab Abschied nehmen
erzählen rote Grablichter und Engelsfiguren davon
dass ihr dort oben an nichts wird fehlen
ob „Sie" uns ein Lächeln spendet von ihrem Wolkenbalkon?

Wir wollen unseren Schmerz versuchen zu lindern
auf bald ihr Gefährten, lebt wohl
dann werden wir uns alle wiederum erinnern
jener Frau, die wir so lieben, unserem Idol

Lebt wohl meine Freunde, die ihr mich versteht
habt Dank für euer Mitgefühl und eure Anteilnahme
und dem Vater, der da das Grab pflegt
ihm bleibe ich zutiefst verbunden, so wie der Stein, der
da trägt Jennys Name

Und wenn ich einst begraben werde
dann holt für mich einen großen Sarg
und legt mir Jennys Bild mit hinein in die Erde
damit ich nicht bin so allein auf meiner letzten Fahrt

Und wollt ihr wissen, warum der Sarg so groß und schwer
Weil all meine Sehnsüchte verstummen im Herzen mein
dann gibt es Jennifers Dichter nicht mehr
Denn das wird dann meine letzte Reise sein

Grab-Freunde

Jennifers Grab

W. Nitsch am Grab seiner Tochter

M. Nemann
und W. Nitsch

M. Nemann am Grab von Jennifer Nitsch

I. Teil Krankenhaus-Intermezzo
II. Teil Brief an den Vater

Die schönste Krankheit, die nichts taugt
der Körper schwitzend, die Haare zerzaust
böse Viren, von denen man umgehaut
und man findet sich wieder im Krankenhaus

Über die Krankheit möchte ich nicht sprechen
da dies nicht zu diesem Gedicht gehört
Doch tröste ich mich, so hat jeder sein Gebrechen
trage dein Schicksal mit dem ein jeder fährt

Nun lieg ich da in meinem Bettgemach
und harre der Dinge, die da kommen
Das Unwohlsein hält mich wach
Schmerzmittel, von denen man halb benommen

Da liegt man still in sich gekehrt
und versucht die Zeit totzuschlagen
Keine Freunde da, weit entfernt
und es schlägt einem alles auf den Magen

Am Nachmittag kein Besuch
nur der Nachbar begrüßt seine liebende Frau
und man schlägt auf das mitgebrachte Buch
seh aus dem Fenster, der Horizont so himmlisch blau

Das kleine Buch mit Gedichten
ist mir zum Trost geblieben
Es handelt von Wehmut und Liebesgeschichten
die ich einst sogar selbst geschrieben

In diesem Buch sprechen meine Gedanken aus,
was ich für Jennifer Nitsch empfinde
Ich würde meine Seele hergeben, wie Goethes Faust
um mit Lucifer einen Bund zu schließen – ob es mir
gelänge?

Kranke Phantasien, die mich beherrschen
hinweg mit euch, ihr dunklen Dämonen
Es bleibt ein Wunschdenken, wie im Märchen
seine Seele zu verkaufen, würde den Teufel nur lohnen

So liege ich und blicke an die Wand
glaube, dass die Gesundung über das Leid wird siegen
habe in Trance Jennifers Namen genannt
und mein Nachbar fragt: „Ist deine Liebe dir wieder im
Geiste erschienen?"

Seh ich da ein Lächeln auf seinem Gesicht
das mir sagt: „Du armer verliebter Narr"
ein Bild von Jennifer mit den Worten: Ich liebe Dich
steht auf meinem Tisch, dass ein jeder glaubt, wir wären
ein Paar

Dann alsbald die Tür aufgeht
schon der Arzt zur Visite dasteht

Er erblickt das Bild und das meinige Buch, was ich
gelesen
und ist erstaunt darüber, dass ich der Autor bin gewesen

Man erinnerte sich an die Künstlerin
dass sie zu Lebzeiten recht bekannt
Sie war eine begnadete Schauspielerin
und so liebenswert wie auch charmant

Aus den Medien glaubt er zu wissen
dass es wohl eigenes Verschulden war, so habe er es ver-
merkt
„Nein, ein tragisches Unglück hat meine Liebe in den
Tod gerissen"
und habe ihn eines Besseren belehrt

Und mein Nachbar staunte nicht schlecht
dass ich meine Liebe in den Schutz nahm
Ich fühlte mich auch im Recht
mein Liebstes zu verteidigen, da sie im Leben so einsam

Die Schwestern kamen, um mich zu pflegen
eine netter als die andere, zum vergleichen
Doch wüßte ich nicht, welche würde ich erwählen
Denn keine kann meiner Liebsten das Wasser reichen

Ich weiß, ich bin ungerecht gegen euch
Ihr lieben Schwestern, verzeiht es mir
Einer, der nur hustet und keucht
Ihr wollt ja nur mein Bestes, ich danke euch dafür

In der fiebrigen Nacht, so glaubte ich
würde Jennifers Wesen mir erscheinen
Doch es war nur ein verirrtes Licht
fremde Stimmen vom Flur, die dort verweilen

Eine Nacht kann recht lang sein
von Schmerzen geplagt mit wachenden Augen
Doch in meinen Gedanken läßt „Du" mich nicht allein
„Du" gibst mir Kraft und ich zeig hoch meinen Daumen

Diese Nacht, habe sie fast durchwacht
mein Nachbar schnarcht munter drauflos
habe im kleinen Licht dieses Gedicht gemacht
und sein Schnarchen klingt wie nach einem Rausch, na
dann Prost

Schreiben muß ich, um mich abzulenken
und habe einen Brief an Jennifers Vater geschrieben
er soll wissen, dass auch ich werd an ihn denken
und wir gemeinsam trauern, weil wir seine Tochter so
sehr lieben

Drum sei dieser Brief hier wiedergegeben
den ich von meinem Krankenbett aus aufgesetzt
Ich möchte dem Vater brieflich zugestehen
wie sehr ich betroffen bin und verletzt

II. Teil   Brief an den Vater

Sehr geehrter Herr Nitsch

In diesen Tagen steht es nicht gut um mich
weshalb ich aus einem Spital Ihnen schreibe
Bin ein wenig niedergedrückt, gesundheitlich
doch es wird schon werden, denk ich doch an die „Eine"

Und diese „Eine" ist Ihre Jennifer
Sie wissen ja, wie sehr ich Ihre Tochter liebe
dass ich am liebsten jeden Tag an ihrem Grab wär
Ich verehre Jennifer zutiefst, weshalb ich Ihnen schreibe
und diene

Ein Bildportrait steht auf meinem Tisch
von jener Frau, die ich so liebe und verehr
auch jetzt, wo Jennifer im Himmel ist
Verzeihen Sie bitte, dass ich mach Ihr Herz so schwer

Am liebsten würde ich mit Ihnen jeden Tag telephonieren
weil mir Ihre Stimme so angenehm klingt
Doch möchte ich Sie nicht drängen, oder gar kontrollieren
Verzeihen Sie meine Offenheit, ich bin manchmal wie
ein Kind
Ein Bild in meinem Besitz stellt Jenny als kleines Mäd-
chen dar
zusammen mit ihrem Bruder, dem Michael
Sie hüpft auf seinem Rücken und lächelt so wunderbar
Sie ist ein so süßes Mädchen, ach wo bleibt die Zeit, sie
vergeht so schnell

Ja, in meiner Hand halte ich das „Hoppe hoppe Reiter" Bild
und muß meine Tränen in mir ersticken
So ein liebes kleines Mädchen, das vor Freude brüllt
ein kleiner Tunichtgut auf ihres Bruders Rücken

Und wenn ich heute ein Bildnis von ihr seh
erkennt man quälende Gedanken in ihrem Gesicht
Sie wirkt so verängstigt und ist scheu wie ein Reh
Ihre Selbstzweifel, die behielt sie für sich

Oh wie gern hätt ich Tür an Tür gewohnt
in dem Haus, wo „Jenny" einst gelebt
ob sie manchmal schwermütig und einsam war wie der
alleinige Mond
doch hätt sie wohl meine Zuneigung abgelehnt

Aber ich wär für sie dagewesen
ob morgens in der Früh, oder des Abends recht spät
Ihren Kummer hätt ich mit meinem Trost genesen
So wahr ich es Ihnen hier schreibe, ich steh zu meiner
Loyalität

Zu mancher Stund, zu jener Zeit
schreib ich Verse wie im Wahn
Jennifer, die in meinen Gedichten lebt und ewig bleibt
errichte ich ein Denkmal in Worten, wie es bis heute
keiner getan

Jetzt streichel ich am Bildnis ihr blondes Haar
und küsse zärtlich ihr so liebevolles Gesicht

Bitte verzeihen Sie mir, wenn ich bin Ihrer Tochter so nah
aber manchmal glaube ich, dass jenes Bild zu mir spricht

Wenn Sie wieder an das Grab werden gehn
blicken Sie auf die kleinen Steinfiguren, die da hingestellt
Alle Besucher werden dort drei kleine betende Engel sehn
auf dem kleinen Friedhof, das schönste Grab unter dem
Himmelszelt

Heute nun muß ich schlucken Medizin, die ich nie vorher
probiert
damit ich mich fühl wie neu geboren
doch eins wurde nicht diagnostiziert
dass ich krank bin vor Liebe und mein Herz hab verloren

Sie wissen es, was ich meine
Ich denke an die „Eine", Ihre sogenannte „Kleine"
Wenn ich es darf und Sie es mir erlauben
komme ich wieder zum Grab, bald, irgendwann
und bete für Jennifer, fest in meinem Glauben

Ihr sehr ergebener Manfred Nemann

„Ich liebe Dich"

Was ist das, was mich so berührt
dass ich empfinde jenes wärmende Licht
habe eine innere Wehmut in meinem Herzen gespürt
Du bist mir allgegenwärtig, ich liebe Dich

Es gibt da ein Photo, wo Du sitzend auf einer Bank
Du überschlägst galant Deine Beine, das sehe nicht nur ich
Du bist so eine attraktive Frau und so charmant
Schade, dass es Dich nur einmal gibt, ich liebe Dich

Lange war ich noch nie verliebt
so gesehen aus meiner Sicht
weil ich hatte nicht gewußt, dass es Dich gibt
Nun muß ich lieben und leiden, ich liebe Dich

Manchmal zieh ich mich zurück
lese in Gedichten bei Kerzenlicht
und gleichzeitig erklingt in mir romantische Musik
Ich sehne mich nach Dir, ich liebe Dich

Sehr gern höre ich Schumanns Vierte Symphonie
Sie klingt wie ein romantisches Liebesgedicht
Es ist vielleicht die schönste musikalische Poesie
Ich schließe dann meine Augen und schwelge nur, ich
liebe Dich

Liebe, die nicht erwidert ward, eher versiegte
Beethoven schrieb des Abends Briefe auch im Kerzenlicht
an seine entfernte unsterbliche Geliebte
Ich tue es nun auch, ich liebe Dich

Du Süße, Du Eine, Du Kleine, Du Meine
Ich liebe Deinen Charme, Deine Art, Dein unverwechsel-
bares Ich
Mir fehlen die Worte, ich bin eben kein Heine
Du bist die Frau meiner Träume, ich liebe Dich

Ich liebe auch deine süße Zahnlücke
und Dein Lächeln in Deinem Gesicht
Du glaubst, dass ich nicht richtig ticke
Nein, ich mein es ernst, ich liebe Dich

Und was ich Dir noch zu sagen hab
Ich seh Deinen schwermütigen Blick in Deinem Gesicht
dann möchte ich küssen Dich lieblich und zart
auch wenn Du halt mal traurig bist, ich liebe Dich

Du sagst: schließe Deine Augen
Erkennst Du meine Stimme nicht
Ich brauch gar nicht aufzuschauen
Weiß ich doch, dass Du es bist, die da spricht, ich liebe Dich

Doch was ich nicht hören kann
das ist die Stille, wenn Du gehst durchs Licht
etwas Unerklärliches, wie ein unheimlicher Bann
Du bist da, ich spür es, ich liebe Dich

In München Schwabing vor Deiner Wohnungstür
hab ich gestanden und traute mich nicht
Am liebsten hätt ich geläutet bei Dir
um Dir zu gestehn, ich liebe Dich

In einer Bistro-Ecke schreibend, nachdenklich ich blicke
und vernehme, dass die Gäste lächeln über mich
Sie können ja nicht wissen, weshalb ich fertige Gedichte
Laß sie doch lästern, die Ahnungslosen, ich liebe Dich

Diese Damen und Herren können mich, bitte verzeih
Sie sollen vor der eigenen Türe kehren, meine ich
Laß sie doch schwatzen, es ist mir einerlei
Denn Du bedeutest mir so viel, Ich liebe Dich

Böse Zungen behaupten, dass Du nicht geliebt hättest mich
wenn wir uns begegnet wären, aus deren Sicht
Vielleicht ist es so, denn Wunschdenken gibt es nicht
Doch bleib ich Dir ein guter Freund auf Erden, ich liebe
Dich

Übrigens, es ist mir egal, was die anderen über Dich
sprechen
weil Dein Lebenswandel denen nicht entspricht
Ich werde nicht den Stab über Dich brechen
Du bist eine emanzipierte Frau, ich liebe Dich

Wie ich darauf komme, wirst Du fragen
Weil die Besserwisser, was gegen Dich spricht
glauben, teuflisches Zeug genommen zu haben
Selbst wenn dem so wäre, ich steh zu Dir, ich liebe Dich

Ich glaube zu wissen, wie das ist, so ganz für sich allein
Quälende Gedanken, die sich da spiegeln in Deinem
Gesicht
Dass man Pillen nimmt, um abgelenkt zu sein
Ich fühle mit Dir, mein Engel, ich liebe Dich

Ich seh in Deine Augen, die so nachdenklich blicken drein
In meine Arme möchte ich Dich nehmen, um Dir zu
geben Zuversicht
Denk nicht an die Vergangenheit, Du im Himmel leben-
der Sonnenschein
Denn nun bist Du des Herrgotts liebster Engel, ich liebe Dich

Und wenn ich einst begraben werde
so denke Du im Himmel auch an mich
Laßt meine Seele nicht zu lang auf dieser Erde
Denn ich möchte Dir begegnen dort oben, ich liebe Dich

Ach mein Liebstes, da fällt mir noch ein
Ich hoffe, dass man meiner Bitte entspricht
denn ich möchte so gern in Deiner Nähe begraben sein
um mich an Dich zu schmiegen, ich liebe Dich

Seht, Schwäne kommen gezogen
Sie begleiten unsere zwei Seelen in das ewige Licht
Irgendwann werden wir dann neu geboren
und mein erster Satz wird sein, Dir gegenüber, Ich liebe Dich

DICHTERLIEBE / DICHTERLEIDEN

Prolog
Glücklich sind die Kinder und die Toren
aber die Grübler leiden am Leben
Der Dichter weint nach innen
und lächelt nach aussen

München und Sankt Peter-Ording
jene Orte, die ich oft besucht
an meiner Hand ein unsichtbarer Ring
der mich weit trägt, erzählt wie aus einem Märchenbuch

Du Ring an meinem Finger
in meiner Phantasie, Du gefällst mir sehr
Du zauberst mich zwar nicht jünger
Doch Du bringst mich überall hin, was will ich mehr

Nach München sollst Du mich bringen
in die Stadt, wo einst meine Liebe ward
Der Zauber, ob er wird mir wohl gelingen
Ich will euch davon erzählen, so meine Art

Ja, nach München bin ich geeilt
um die Luft aufzunehmen, die auch „Du" geatmet hast
Es ist jene Atmosphäre, in der „Du" auch verweilt
Ich kann's nicht deuten, es ist da irgend etwas

Es war Sommer und heiß war der Tag
als ich durch das Münchener Leben ging
Deutschlands heimliche Hauptstadt, wie man so sagt
Was für ein Treiben, dass es in den Ohren klingt

In den Straßen Autohupen und Straßenlärm
Straßenbahnen, die da quietschen auf Schienen
Vorbei an den Boutiquen promenieren feine Damen und
Herrn
hübsche Frauen, süße Mädels, tolle Bienen

Doch ich seh dies mit gemischten Gefühlen
Denk ich doch nur an die liebste Eine
sitz ich doch zwischen den Stühlen
Eine unvergleichliche Frau, Ihr wißt, wen ich meine

Es zieht mich in die Innenstadt
auf den Marienplatz zu
Hier ist was los, hier geht was ab
Doch was mir fehlt, das bist „Du"

Ein Akkordeonspieler musiziert hinreissend seine eigene
Musik
so gut interpretiert, wie ich es nur selten gehört
herrlich mit anzusehen im Gesicht seine Mimik
Er versteht es, den Frauen zu imponieren, was für ein
Flirt

Ach wie gern würd ich jemand imponieren
einer Frau, die hier auch mal gestanden

Als Pantomime würde ich Musik dirigieren
vermischt mit Komik, ein Dirigent ohne Namen

Selbst wenn ich als Bettler säße da
und all die Menschen würden auf mich herabsehen
unsauber, verschmutzt, mit ungepflegtem Haar
„Du" hättest ein gutes Herz, das spüre ich, Du würdest
mir ein Almosen geben

Ich wünschte, ich könnte den Ring drehen
und Du wärst jetzt bei mir
dann brauchte ich den lieben Gott nicht anzuflehen
und wir würden Kaffee trinken, nachmittags um vier

In einem Münchener Cafe, Du und ich
sehen wir den Leuten nach, die sich im Menschengewühl
drängeln
Ich vermag es Dir noch nicht zu sagen, doch ich liebe Dich
Ein verliebtes Gefühl in meinem Herzen, gesandt von
unsichtbaren Engeln

Am Marienplatz, in dem Rathauskeller selbst
sitz ich des Abends in einer ruhigen Ecke
ein freundliches „Grüß Gott" erhälst
wo ich mich zurückziehen kann, fast verstecke

Ob meine Liebe hier auch mal gegessen
mit Freunden, oder ganz für sich allein
Ich betrachte Dein Bild, beim Essen
und trinke in Gedanken mit Dir meinen Wein

Wer weiß, sicher hast Du hier auch mal verweilt
an einem dieser kleinen Tische
zurückgezogen in sich selbst, verfluchte Einsamkeit
und man denkt über vieles nach, in seiner versteckten Nische

Ach könnte ich den Ring jetzt drehen
und Du säßest beim Rendevous mir gegenüber
Ich würde Deine Hände in die meinen nehmen
und sie zärtlich küssen, immer wieder

Du bist meine erste und letzte Liebe
was ist bloß in mich gefahren
Deinem Mund Küsse zu rauben und derer viele
und ich wünschte, dass sich unsere Lippen paaren

Für einen kurzen Flirt bist Du mir zu schade
Nichts für einen stürmischen Moment, weil Dein Herz
darunter leidet
Dich möchte ich lieben über viele, viele Jahre
Denn Du bist die Frau, für die man sich fürs ganze
Leben entscheidet

„Hat's geschmeckt?", fragt eine freundliche Bedienung
und ich bin aus meinem Denken erwacht
eine helle Stimme, die noch recht jung
und es ist Dein Bildnis, was mir entgegen lacht

Gedanken kommen und gehen
Auf geht's, ich will nicht länger warten
werde nun an meinem Zauberring drehen
und bin des Morgens in dem berühmten Englischen Garten

Sitzend auf einer Bank, Bäume lächeln mich an
Ich schwelge in Erinnerungen, bin so abgelenkt
weil ich an nichts anderes denken kann
und die Blumen flüstern, ob er wohl an seine Liebste
denkt

Ja, ich sehe Dich deutlich vor mir
wie Du einst hier im Park Jogging gelaufen bist
Vielleicht war es sogar auf dieser Bank hier
wo Du einst gesessen, wie das im zufälligen Leben halt so ist

Junge Liebespaare, so wirken alle so verliebt
und ich sehne mich in Deine Umarmung
berühre liebevoll Dein Gesicht, was auf Papier es nur gibt
und küsse Dein Photoportrait zärtlich auf den Mund

Es war, als hätt ich Dich still geküsst
während Deine Augen so traurig blicken drein
Der Wind ist luftig, ich weiß, dass Du es bist
wolltest Du nicht immer mal ein „Sturm" sein

Schöne Frauen, die stolz vorüber gehen
ich fühle mich wie der junge Heine
an Erzählungen in Gedichten halte ich Dich am Leben
Keine andere Frau ist wie Du, keine!

Von Ferne hör ich die Isar rauschen
kleine Spatzen, die in den Bäumen sich schnäbeln und
posieren
Ach wie gern würd ich mit ihnen tauschen
um auch mal in den Himmel auf zu fliegen

Dann könnte ich meiner Liebsten nahe sein
um mit ihr auf den Wolken zu schweben
Ein himmlisches Stelldichein
Ach, was würde ich darum geben

In den Biergärten ist ein wildes Treiben
Die Maß san voll und groß der Verzehr
doch möchte ich die Menschen lieber meiden
Mein armes Herz, was pochst du so schwer

Freunde zum feiern wird es immer geben
die sogenannten „Freunde", die sich dafür halten
Sie jagen sich den Alkohol durch die Kehlen
„Hoch sollen sie leben", wie sie alle lallten

Ja, Gaudiburchen findet man hier draußen zum feiern
Gar lustig und wild gehts halt umher an diesem Ort
Ja, so san halt die narrischen Bayern
Du Ring an meinem Finger, so trage mich doch bitte
hinfort

Es ist wie ein Zeitsprung von einem Punkt zum andern
welche Kraft dieser Ring doch hat
Die Franz Josef Strasse lädt ein zum wandern
Ich kenne Dein Wohnhaus, jeden Baum, jedes Blatt

Hab Menschen getroffen, die Dich noch kannten
und hinauf geblickt zum vierten Stock, wo Du einst
gewohnt
Ich hab vor Deiner Wohnungstür gestanden

und wurde mit einem Sektglas, aus dem Du getrunken,
belohnt

Dieses Glas, es steht jetzt bei mir daheim
aus dem Du den Sekt daraus genippt und probiert
Ich berühre es ganz zärtlich, Dein Glas, so zierlich und fein
weil Du es mit Deinen Lippen hast berührt

Unten im Haus gibt es eine Boutique
in der zwei Herren verkaufen, die Dich persönlich gekannt
Du warst bei allen Hausbewohnern so beliebt
Ein jeder kannte die berühmte Künstlerin, die so hilfsbe-
reit und so charmant

In dieser kleinen Boutique hast Du eingekauft
und hier hast Du mit Kunden gelacht
hast mit Freunden mal eine geraucht
Doch manche Nacht hast Du im Stillen weinend ver-
bracht

Ja, ich ahne es wohl, wie Dir zumute war
wenn die Wohnungstür ins Schloss gefallen
nach außen gibt man den lustigen Narr
Doch niemand kann in Dein Herz sehen, keiner von uns
allen

Wenn Du heute noch würdest hier wohnen
ich zöge in eins der überliegenden Häuser
und wüßte ich Dich zuhause dort oben
entlockt mir jeder Gedanke an Dich einen Seufzer

Laß es bei Wind und Sturm ruhig regnen
wenn ich schreite entlang in Schwabing auf Deinem
Boulevard
Ich stell mir vor, Du würdest mir dann halt begegnen
und wir uns im Regen küssen wie ein verliebtes Paar
In meinem Kopf hör ich symphonische Harmonien

Es ist jener erste Satz aus Rachmaninows zweiter Symphonie
Oh wie selig klingen diese aneinander reihenden Melodien
Sie spiegeln Dein Antlitz in meiner Phantasie

Und während ich jener Klänge lausche
läuft wie im Film Dein Leben vor meinen Augen ab
mit meinen Lippen ich Deinen Namen hauche
Geistige Bilder, die ich sehe, von Deiner Kindheit bis
zum Grab

Ein Straßenbummel, das Wetter lud dazu ein
als ich jene junge Frau gesehen, grünblaue Augen, blondes
Haar
Sie sah Dir so ähnlich, das konnte doch nicht sein
Ich spürte ein unsägliches Gefühl Deiner Nähe, wie
sonderbar

Auf einer Bank, ein freundlich älterer Herr
sah mich mit Erstaunen nachdenklich an
er wunderte sich zusehends sehr
dass ich so in Gedanken, ein träumerischer Mann

Es war der gleiche Herr aus einem meiner letzten Gedichte
mit dem ich im Park mich damals unterhalten

aufmerksame Leser kennen diese Geschichte
Es war mir eine große Freude, ihn wiederzusehen, den
Alten

„Ich kenne Sie aus vergangener Zeit
sind Sie den Spuren gefolgt ihrer großen Liebe?
Sie sind der Jennifer Nitsch Verehrer, grüß Gott, mein
Freund
Sie bleiben Ihrem Idol treu, davon gibts nicht viele“

„Ist Ihnen Ihre Liebe wieder im Geist begegnet
und sprechen Sie manchmal auch mit ihr?“
„Ja, mein Herr, in der Liebfrauenkirche hab ich für sie
gebetet
Denn sie ist immerdar, jetzt und hier“

„Vertrauen Sie auf Gott in seiner unendlichen Güte
denken Sie an meine Worte, die ich Ihnen damals mitge-
geben
Ich weiß, Jennifer starb inmitten ihrer schönsten Blüte
Sie dürfen sich das nicht zu sehr zu Herzen nehmen“

„Schauen Sie in die hellen, weissen aufgetürmten Wolken
dort oben, sehen Sie nur richtig hin
Jennifer schaut von dort hernieder, was Sie wissen sollten
Da sie ist auferstanden, das ist doch auch in Ihrem Sinn“

„Ich möchte dem nicht widersprechen
denn dieser Gedanke von Ihnen ist so schön
dass ich Jennifer so sehr liebe, ist ein Versprechen
das ich ihr am Grab hab gegeben, können Sie das verstehn“

„Ach, könnte ich unsere Erde um Jahre zurückdrehen
zurück in das Sommerjahr Zweitausendundvier
und die Formel der Relativitätstheorie würde nicht bestehen
Dann wär meine Liebste im Leben und wir säßen nicht
hier"

„Sie kleiner Einstein, was reden Sie da nur
Die Welt läßt sich nicht verbiegen, geschweige denn die Zeit
Sie können nicht rückwärts drehen die Uhr
Erst wenn Gott es will, gibt es ein Beisammensein in der
Ewigkeit"

„Wohin führt Sie der weitere Weg, mein Freund
wo wollen Sie Ihrer Liebe begegnen?
Lassen Sie es mich wissen, dass man nichts versäumt
Alles Gute für Sie, möge der „Herr" Sie segnen"

Mit den Wolken will ich ziehn
Du Ring an meinem Finger, nach Sankt Peter Ording
sollst Du mich bringen
Dort möchte ich an Jennifers Grab niederknien
Schließe fest meine Augen, ob der Zauber wird gelingen?

Möwengeschrei war das erste, was ich vernommen
als der Wind über den kleinen Friedhof strich
Sankt Peter Ording, heißt Du mich willkommen?
Denn ich komme gern, ist es doch auch meine getreue Pflicht

Der Sommerwind redete mir gut zu
und ich spürte den kühlen Hauch vom Meer

Ich sprach mit ihrem Grabstein ein zärtliches „Du"
und gestand es ihr, „Ich liebe Dich so sehr"

Am Grab, die Blumen kuschelten zärtlich ineinander
verliebt
es ruht dort ein Engel am Grabesstein
Ich wirke nachdenklich, und es geht mir ans Gemüt
doch möchte ich meiner Liebe so nahe wie möglich sein

Sehr oft habe ich diesen Ort schon besucht
und mit Blumengestecken jenes Grab geschmückt
Der Wind ging mir durchs Haar mit großer Wucht
Doch ich war unserer Welt weit entrückt

Der Wind bläst an der Küste ja immerzu
Wollte Jennifer nicht immer mal ein richtiger Sturm sein
Ich lass es mir gern gefallen, denn ich weiß, das bist ja „Du"
Laß es ruhig stürmen Jennifer, in meinem Herzen aber
bist Du mein Sonnenschein

Hier war es auch, wo ich jenen Menschen erblickte
ein kleiner, stattlicher, mir sehr sympathischer Herr
Er kannte mich nicht von Angesicht, wohl aber meine
Gedichte
Es war mir der so verehrte Vater meiner lieben Jennifer

Zusammen haben wir am Grab gestanden
um seine Tochter „Jenny" mit Blumengaben zu beschenken
eine große Liebe zu einer Frau, die unsere Herzen verbanden
und es war mir eine große Ehre, mit ihm gemeinsam zu
gedenken

„Hier, an diesem Ort", so erzählte er mir,
„hat Jenny ihre unbeschwerten Jahre verbracht
in meinem Gartenhaus, nicht weit von hier
hat sie als kleines Mädchen herumgetobt und herzlich
gelacht"

„Nach München später gezogen, tingelte sie durch manche Gassen
Sie war oft allein, falsche Freunde, die sie hilfsbereit
beschenkte
Sie haben meine ,Kleine' auf Scherben tanzen lassen
Es war für meine Tochter ein tödliches Ambiente"

„Sie lebte allein, zurückgezogen in ihrer Wohnung, seit
vielen Jahren
doch nur zum Feiern waren diese Freunde da, was mich
empört
man tanzte, große Sprüche, und lag sich in den Armen
doch es gab niemanden, der im stillen Gespräch ihr zugehört"

„Es war der dreizehnte Juni im Sommer Zweitausendundvier
als mein Sohn Michael mich anrief: ,Jenny ist tot'
Innerlich war ich gebrochen und mußte nach München
zu ihr
Ich wollte sie noch einmal sehen, ihr Leben war erloschen
wie das Abendrot"

„Nun ist Jennifer ein bildschöner Engel geworden
und hat einen prächtigen Blick von dort oben

und wenn dann die Sonne aufgeht, wie an jedem Morgen
läßt sie, wenns der Herrgott erlaubt, den Wind mal
richtig toben"

Still schweigend habe ich ihm zugehört
wie ruhig und gefaßt dieser Mensch doch war
Von seinem Wesen war ich angenehm berührt
Ein liebevoller Mann, geistreich und doch ein wenig
unnahbar

Am liebsten hätt ich ihn tröstend in den Arm genommen
doch der Respekt vor ihm verbietet es mir
jedoch hat er in mir einen guten Freund gewonnen
Meine Erzählungen zeugen davon, auch auf diesem
Papier

Meine Hand habe ich ihm zum Abschied gegeben
und ihn doch an mich gedrückt und umarmt
habe gesagt, dass seine Tochter wird weiterleben
in unseren Herzen, ob Jennifer es irgendwann mal geahnt?

Am Deich ging ich noch spazieren, um zu sehen in die Weite
und jener Küstenwind blies mir kräftig ins Gesicht
Nun weiß ich auch, was Jennifer damit meinte
Sie wollte immer mal „Sturm" sein, „Du" hälst, was Du
versprichst

Ist es Dein göttlicher Atem, der da mich kühlt
Dieser Wind, der jetzt zum Sturm sich erhebt
Die Meereswellen brechen, sind gar aufgewühlt
Läßt „Du" Deinen Gefühlen freien Lauf, das alles hinweg fegt

Oh, ich liebe den Sturm, der von „Dir" entfacht
Es erinnert mich an Beethoven, der auch bei Unwetter
ging promenieren
Er komponierte sogar ein Gewitter, dass es nur so kracht
In seiner Pastoralsymphonie hatte er es niedergeschrieben

Ich wünschte, ich könnte „Dich" musikalisch vertonen
und eine hingebungsvolle Melodie wiedergibt Dein liebes
Angesicht
doch bin ich nunmal zum Musiker nicht geboren
aber ein lyrischer Dichter, das bin ich

Irgendwann wird man meine Gedichte lesen wollen
die da handeln von einer romantischen, sehnsuchtsvollen
Dichterliebe
Heut noch nicht, meine Zeit wird erst kommen
Dann, wenn ich einst selbst im Grabe liege

Der Sturm läßt nach, ist ruhiger geworden
Du Ring an meinem Finger, wohin wirst Du mich jetzt
tragen
Die Abendsonne senkt sich, erwacht erst wieder am frü-
hen Morgen
Mein Nachtzug nähert sich, sitze träumend schon im Wagen

Obwohl ich bin lieber für mich allein
sich ein weiterer Fahrgast zu mir gesellte
Er bemerkte Jennifers Portrait an meiner Tasche, das
recht klein
und ich flunkerte: „das ist meine bessere Hälfte"

Hatte ich die Unwahrheit gesprochen, wohl kaum
Jennifers Bild trag ich immer an meiner Tasche bei mir
Sie ist mein besseres Ich, nicht nur in meinem Traum
Ich bin nie allein, ich bin immer zwei, nämlich „Wir"

Und ich sprach zu ihm:
„Ich schenke ihr mal Rosen, mal Nelken
da wir wohnen so weit voneinander entfernt
Sie ist im Himmel, ich auf Erden, das gibt es nur selten
Sehen Sie, wieder etwas dazu gelernt"

Mein Nachbar, er staunte nicht schlecht
Kann es so eine himmlische Liebe denn geben?
Soll er denken, was er will, ist mir schon recht
So muß ich mein Kreuz halt tragen, und niemand kann
es mir abnehmen

Ich mag das leise Fahrgeräusch des Zuges
man kann dabei so schön denken und schlummern
so eine Eisenbahnfahrt hat auch ihr Gutes
Kinder toben wie wild, dass andere Fahrgäste belästigt
und sich wundern

Ja, Kinder und Narren lachen nach außen
aber wir Grübler sind immer am leiden
Man kann unsere Gedanken nicht lesen und belauschen
Wir Dichter lächeln und können nur innerlich weinen

Du Ring an meinem Finger, bring mich heim
in meine leeren, einsamen vier Wände
Dort wartet schon mein Graupapagei, der da ganz allein

und viele Bilder von Jennifer, dekoriert durch meine
Hände

„Bist Du wieder gut", ist das, was der Vogel gelernt und
auch spricht
Er heitert mich auf und läßt sich von mir kraulen
Nur den Namen meiner Liebsten spricht er noch nicht
„Du" lächelst aus Deinem Portrait, ich seh es in Deinen
Augen

Nachdenklich sitz ich nun in meinem Zimmer
und schau in Deine Augen, von denen ich zutiefst berührt
Lieben werd ich Dich, und zwar für immer
Zärtlich küsse ich Dein Bildnis, hast „Du" es im Himmel
dort oben auch gespürt?

Es ist so still, und dennoch fühle ich unsichtbare Schwin-
gungen, die da gehen umher
Selbst der Vogel im Käfig verhält sich unruhig, ist wie
gebannt
Jemand flüstert, jedoch in meinem Zimmer ist niemand
mehr
Doch war es „Deine" Stimme, Du hast mich bei meinem
Vornamen genannt

Da plötzlich, ich wache auf, bin zurückgekehrt aus
meinem Phantasieland
Der Ring, er ist fort, wie sonderbar
War ich eingeschlummert, die ganze Zeit, fragt mein
Verstand
Kann es denn sein, dass alles nur ein Traum gewesen war

Eingeschlafen ja, aber nichts wurde erfunden oder erdacht
Alles hat sich wirklich so abgespielt wie in diesem Gedicht
Ich bin aus einem langen Traum erwacht
und wurde wachgeküsst von Deinem lieben Gesicht

Von Dir möchte ich immer geküsst werden
weil es nichts Schöneres für mich gibt
Auch wenn es nur Deine Seele ist auf Erden
Du bist die Frau, die ich achte und begehre, da ich so in
Dich verliebt

„Lieben Sie Brahms?"
Telephongespräch aus München

Es war Abend gegen neunzehn Uhr
als ich mit dem Abendessen beschäftigt war
im Hintergrund spielte eine Brahmssymphonie in Dur
als das Telephon schellte, um diese Zeit noch, wie sonder-
bar

„Grüß Gott aus München
habe die Ehre, hier spricht der Herr Schreyer
san Sie der Herr Nemann aus Bremen
dass Sie mi ausfindig g'macht, find i ungeheuer"

„Oh, ich wollte mich nicht aufdrängen
mit meinem Brief, den ich Ihnen vorerst geschrieben
doch als ich die Blumen am Grab sah mit Ihrem Namen
wollte ich Kontakt aufnehmen mit Ihnen"

„Na, na, is scho recht
I freu mi, Ihnen halt mal kennen zu lernen
Es ist für mi a große Freud zu hören
dass Sie halt Jennifer Nitsch so verehren"

„Wissen's, i kimm regelmäßig am Haus vorbei
wo die Jennifer Nitsch halt hat gwohnt
und sprach a mit dem Hausverwalter

der sie persönlich kannt, der außerhalb von München
wohnt"

„Als ich vor einem Jahr in München war
habe ich nicht nur vor dem Gebäude gestanden
man gestattete mir Einlass ins Haus
Ich bin dann ehrfurchtsvoll zum vierten Stock hinauf
gegegangen"

„Wissen Sie, welches Gefühl mich umgab
als ich vor Jennifers Wohnungstür stand
Ob jemand die Tür würde unverhofft von innen öffnen
als ich den Türgriff vorsichtig berührte mit meiner
Hand"

„Wie oft hat Jennifer wohl ihren Türgriff berührt
als sie von getaner Arbeit nach Hause kam
das Knarren der Treppenstufen, das sie wohl gespürt
Ich fühlte mich ihr so nah und es wurde mir ums Herz so
warm"

„Hier war sie zuhause und wohnte für sich allein
Ich verhielt mich ruhig im Treppenhaus
und photographierte im Treppenflur ihre Wohnungstür
Denn ich durfte niemanden stören, bevor man wirft
mich hinaus"

„Na, Sie san mir an Filou, dass Sie ins Haus nei kimme san
Denn ein jeder wird nicht eini kimme
Aber dass Sie wohl a netter Pfundskerl g'sind
dös hör i scho an Ihra Stimme"

„Schaun's Herr Nemann, die Jennifer mog i a
dös köön's mir glauben, dos mir freut
Selbst wenn's nur a Kassiererin beu Aldi wärsch g'wesn
I hätt sie heiratn mögn unter all den Frauensleut"

„Ja, das glaub ich Ihnen gerne
Doch ich meinerseits wär wohl nicht ihr „Typ" gewesen
Ich kann ihr wohl nicht das Wasser reichen
denn sie war sicher eine intelligente Frau und recht belesen"

Aber ein guter Freund wollte ich ihr wohl sein
der ihr zur Seite steht in guten und schlechten Tagen
Ach, wenn sie es doch nur geahnt hätte, dass es einen gibt
der sie so liebt und begehrt, das seit vielen Jahren

„Wissen Sie, dass ich in Gedichten schreibe
um Jennifer im Gedenken meine Zuneigung zu gestehen
Es sind Liebesgedichte an jene Frau, die nicht mehr ist
auf Erden
Doch im Himmel wird man ihr meine Gedanken zustel-
len, man wird sehen"

„Von Ihra stammt ja wohl arch die Gedenkanzeige
die i hob in der Süddaitschn Zeitung g'lesn
mit oanen klonen Gedichtel ham's abdruckt
a bißchel traurig, aber recht schön is g'wesen"

„Hin und wieder schick i a Blumengstängel
durch Fleurop an der Jennifer ihr Grab
Den Herrn Vater kenn i halt arch
Ist a netter Mensch, den Jennifer gerne hat mögen g'habt"

„Wenn i halt Urlaub hab
dann fahr i gleich a ganze Woch nach obi
wohn dort in aner Pension nah am Friedhof
geh spaziern, und was mochen Sie?"

„Ich denke nach, lese, schreibe Gedichte
hör auch gern gute Musik des Abends
seh mir Bilder von Jennifer an
hören Sie im Hintergrund die Symphonie, lieben Sie
Brahms?"

„Musik ist meine zweite grosse Liebe
Ich hör sie nicht nur mit den Ohren, sondern mit
meinem Herzen
Sie tröstet mich über manches hinweg
Gerade jetzt lindert sie meine Wehmutsschmerzen"

„Wenn ich an Jennifer denke,
höre ich wundervolle musische Harmonien
Sie sollten es auch einmal versuchen, innerlich zu hören
zur Zeit sind es die Adagios aus den Brahmssymphonien"

„Brahms, jo, i weiß net so recht
ist nicht so meine Welt, wie heissen's, Adagios?
Mit dera Musi ko i mi net aus
Ist mi halt a bisserl schwer, da hob i nix los"

„Sie mögens diese Musi, von diesem Brahms
san Ihre Verse arch so melancholisch?
I hör a lieber a Volksmusi
doch haltens mi net für narrisch"

„Sogens, ham Sie scho zu Abend gessen
Wissens, i mog Sie net so long stören
Es ist ja scho recht spat
Nicht dass Sie mit mi gar zürnen"

„Nein, ganz im Gegenteil, ich freue mich
auf diesem Weg einen wahren Freund gefunden zu haben
der ebenso empfindet wie ich
diese Frau nicht zu vergessen, nach so vielen Jahren"

„Wann's mal wieder no München kimma
rufens mi vorher an
I kenn do a Lokal, wo die Jennifer war ach dort herinne
da i ganz in derrs Nähe wohn"

„Sehr gern werde ich dieses tun
wenn in einem Münchener Hotel ich mich einquartiert
mit Ihnen gemeinsam zu wandeln auf Jennifers Spuren
Sie sind als Fremdenführer sofort engagiert"

„Also i winsch Ihnen derra alles Gute
I hoff, i hob Sie net weiter störn
war nett mit Ihnen zu plaudern
hat mi sehr freut, auf bald, auf wiederhörn"

„Auf bald, dass wir uns mal kennenlernen
Ich freue mich, dass wir uns so gut verstehen
Zwei Seelen, die sich gefunden haben
Alles Gute auch für Sie, Tschüß aus Bremen"

Aufgelegt, ob er sich wieder melden wird
Ganz bestimmt, das weiß ich
Ach, die Brahmssymphonie, nun hab ich sie doch nicht
gehört
Dann hör ich sie eben morgen und mach aus diesem
Gespräch ein Gedicht

„Die Einsamkeit meiner Seele"

Prolog
Was ist das, was ich da im Herzen muss spüren
lieben will ich und begehren, doch vergebens und hoffnungslos
dass ich Dich nur zärtlich kann mit Worten berühren
Ach Liebe, Liebe lass mich los

Ach was ist Liebe
Ich meine die Liebe zu einer Frau
sind es die hingebungsvollen Triebe
die uns dann verlassen, wenn der Alltag ist wieder grau
in grau
Oder ist es wirklich das sehnsuchtsvolle Verlangen
sich einem Menschen hinzugeben, den man wirklich liebt
ist man dann ausgeliefert und fühlt sich doch gefangen
dass es außer Ehe und Kindern noch was anderes gibt

Als ich noch recht jung war in den siebziger Jahren
schwärmte ich für ein Mädchen namens Sonja
Ich verliebte mich in sie, mit ihren Sommersprossen und
den blonden Haaren
und wir tanzten zu der Musik von Abba

Verliebt wie ich war, legte ich es schriftlich nieder
einen Liebesbrief, den ich ihr schrieb

Ich fühlte mich schon als Sieger
doch mein Brief war so fürchterlich romantisch, dass sie
mich mied

Merkwürdig, sie sah Jennifer sehr ähnlich
Sie war fast der gleiche Typ
ein wenig schüchtern und zierlich
Ich war hingerissen und sehr verliebt

Vorbei, was wohl aus ihr geworden ist?
Verheiratet, mit einer großen Kinderschar?
Wer ist der Glückliche, den sie jetzt wohl küsst?
Glücklich verheiratet, doch geschieden nach dem verflix-
ten siebten Jahr?

Eine weitere Begebenheit, die jetzt erst gewesen
in einer Bremer Straßenbahn hab ich sie gesehen
ein unnahbares weibliches Wesen
Sie sah Jennifer so ähnlich, fast wär es um mich geschehen

Die gleichen Augen, ihr kurz geschnittenes blondes Haar
versteckte kleine Ohrringe, wie einst Jenny sie gerne trug
Der Gesichtsausdruck nachdenklich, wie Jenny einst auf
Bildern ist und war
Fast hätt ich sie angesprochen, doch mir fehlte der Mut

Wenn sie geahnt hätte, wessen sie so ähnlich sah
Es war mir, als säße Jennifer mir gegenüber, so nah
Was ist in mich gefahren, was red ich da
Sie könnte meine Tochter sein, ich alter verliebter Narr

Da saß sie nun, ich wagte nicht, sie anzustarren
Mein Herz lachte und weinte zugleich
wie weit würde sie wohl fahren
Ich musste zuerst aussteigen, meine Knie wurden weich

Noch einmal drehte ich mich um, ein letzter Blick zu ihr
diese traurigen Augen, sie wirkten auf mich
wie sie wohl hat geheißen, fragte es in mir
Doch muss ich sie wohl vergessen, wieder ein Verzicht

Liebeskummer hab ich oft durchlebt als Single
in Liebesbekenntnissen war ich nie verlegen
Doch heute gehen meine Worte gerichtet in den Himmel
Wenigstens bekomme ich keine Absage, so ist nunmal halt
mein Leben

Ungekämmt, mit zottligen Haaren, stolziere ich durch
die Walachei
wie Beethoven damals mit seinem zernarbten Gesicht
Der Lack ist ab, ich denk mir nichts dabei
mich jetzt noch binden, nein, es interessiert mich nicht

Eine Schönheit bin ich nicht, will es auch garnicht sein
doch kleine Gedichte schreibe ich, von Liebesleid und
zärtlichen Küssen
jedoch schmerzt es mich ungemein
dass manche Frauen diese nicht kennen und von nichts
wissen

Wie sagt man so schön, Gegensätze ziehen sich an
doch zu Lebzeiten hätt ich mich „Dir" gegenüber geniert

unsterblich wär ich in Dich verliebt, doch was dann
„Du" hättest mich nicht bemerkt, obwohl ich so von Dir
bin fasziniert

Ja Jenny, ein wenig unsicher bin ich
ob man durchs Heiraten wirklich glücklich ist
mit „Dir" würde ich es dennoch wagen, denn ich liebe Dich
weil ich im Herzen spüre, dass Du die Richtige bist

Ach, es war uns beiden nicht vergönnt
den Partner fürs Leben zu finden
Ach, wenn ich doch die Zeit zurückdrehen könnt
wie gern würde ich mich mit Dir verbinden

Wachträumend sehne ich mich, dass wir zueinander
finden
und seh auf dein Bildnis, sprich Dein Gesicht
doch als Frau wolltest Du Dich nicht sofort binden
denn Fesseln tragen, das konntest „Du" nicht

Ich weiß, ich weiß es ist ein Wunschdenken
Du hättest Dich wohl nicht für mich entschieden
und doch, wohin mich meine Gedanken auch lenken
In meinen Träumen werden wir uns immer lieben

An meiner Zimmerwand hängt ein großes Portrait
und ich spaße mit Dir, um Dich ein wenig zu necken
doch Du antwortest nicht, Du süße kleine Fee
und ich muss mir Deine Antwort halt denken

Lege auf Brahms zweites Klavierkonzert
den dritten Satz mit dem sehnsuchtsvollen Cellobeginn
Ich habe es lange Zeit nicht mehr gehört
bei jener Melodie gehst Du mir nicht aus dem Sinn

Denn beim Hören von romantischer Musik
sehe ich Deinem Bildnis in die Augen
hab mich richtig dabei in Dich verliebt
Du bist und bleibst die einzige unter all den Frauen

Träumen möcht ich und in mich gehen
sehe deutlich die Kapelle von Sankt Nicolai und Dein
Grab
Man siehts an den Blättern, wie sie von den Bäumen wehen
Ein leichter Sturm, der da plötzlich naht

Ich kenne Deine Worte, die da von Dir sind
„Wenn ich Wind wär, ich wär Sturm den ganzen Tag"
Ich höre, wie „Du" es gesagt hast, wie ausdrucksvoll es
klingt
Du hast eine sehr eigenartige Poesie, oh wie lieb ich Dich hab

Wenn Du der Wind bist, der mich umgibt
bin ich der Schatten Deines Windes
Denn Du bist der Sturm, der nicht so schnell vorrüberzieht
und ich wünsche Dich nah bei mir, dass Du mich findest

Ach, warum musstest Du sterben, niemand ahnt, was ich
leide und empfinde
kein Grabstein mir eine Antwort gibt
doch leise flüstern die Nordseewinde

Sie war einsam und ahnte nicht, wie sehr man sie hat
geliebt

Eine göttliche Macht hat es so gewollt
dass man ein Herz senkte mit Tränen ins Grab
„Auferstanden" bist „Du", als Sturm der da grollt
und entfachst ein Wetterleuchten an manchem Tag

Oh Gott im Himmel, hier steh ich, was soll ich tun
spürst Du denn nicht meine seelischen Qualen
Hier auf Sankt Nicolai hast Du meine Liebe gebettet,
dass „Sie" kann ruhn
als da eine Stimme sprach: „Seelig sind, die da Leid tragen"

    „Seelig sind, die da um meine Engel weinen
    denn sie sollen getröstet werden
    sorg Dich nicht, denn in meines Vaters Haus soll
    niemand leiden
    doch sollst Du denen im Stillen gedenken auf Erden"

    „Seelig sind, die da ihren Kummer in sich tragen
    denn auch sie sollen in mir Trost finden
    Auch Dir, mein Freund, nach so vielen Jahren
    Dich in Gedichten zu offenbaren, um ihrer Liebe
    willen"

    „Seelig, die da sind die Barmherzigen
    die da zeigen ihr Mitgefühl den anderen gegenüber
    Doch auch Du zählst zu den wenigen
    die da kommen, um anderen Trost zu spenden,
    immer wieder"

„Mein Gott, ich muss es Dir gestehn
dass ich mehr bin in Gedanken an diesem Grab
als da bei meiner Mutter, die da liegt anonym
Mich plagt mein Gewissen, was ich Dir zu sagen hab"

  „Wenn es mein Vater nicht gewollt hätte
  so wärst Du nie an Jennifers Grab gestanden
  Doch bist Du auserwählt zu jener Ruhestätte
  jenes Grab zu suchen, gelegen unter kleinen
  Heckentannen"

Habe ich in Trance gesprochen und jene Stimme vernom-
men
während ich glaubte, den Stein zu berühren mit Jennys
Namen
ein süßer Schmerz, der da von mir genommen
und ich spürte in meinem Herzen, wie diese Worte mir
Trost und Zuversicht gaben

Nie hätt ich das für möglich gehalten und gedacht
dass es in mir einen kleinen Dichter gibt
der Liebesgedichte schreibt in durchwachter Nacht
für eine Frau, die es nicht mehr für mich gibt

Eine Frau, die ich leider nicht persönlich gekannt
und dennoch schreibe ich weiterhin meine Gedichte
Vielleicht ist es mein Schicksal, dass ich bin verdammt
Unerwiderte Liebe, so ist nunmal der Lebenslauf meiner
Geschichte

Es soll nicht sein, Du bist mir nicht beschieden
Irgendwo dort oben, versteckt in den Wolken
Nicht irdisch, aber in meinen Versen darf ich Dich vereh-
ren und lieben
bis der liebe Herrgott es will, dann darf ich Dir folgen

Ach. Liebe, Liebe, lass mich los
Du Herrliche, bin schon zu weit auf meinem einsamen
Wege
nur in meinen eigenen Gedichten finde ich ein wenig
Trost
aus denen spricht die Einsamkeit meiner Seele

„Freimarktsbummel mit Jennifer"

Einmal im Jahr geht der Bremer aus sich heraus
da juckt das Geld in den Taschen
der ‚Bremer Freimarkt' ist da, raus aus dem Haus
und die Menschen stürmen drauflos in Massen

Auch ich möchte mit „Dir" heute ausgehen
Dein kleines Bild an meiner Tragetasche hängt
Erleben sollst „Du" den Jahrmarktsbummel, daran teil-
nehmen
„Du" sollst mich begleiten, egal was man von mir denkt

Schon in der Straßenbahn auf dem Weg dorthin
drängen all die Leut dicht an dicht
Ein schöner Nachmittag liegt vor uns, das ist der Beginn
Mir graut vor dem Spektakel, doch ich tu es auch für „Dich"

Da steh ich nun im Menschengewühl
und taste mich langsam voran
über allem ragt das Riesenrad, unser erstes Ziel
Von nah gesehen, mir wird Angst und Bang

Von weitem gesehen sah es nicht so riesig aus, ich spüre,
wie „Du" wankst
denn jene sechzig Meter Höhe, ich staune nicht schlecht
Doch ich weiß, „Du" leidest unter Höhenangst
das wollen wir uns nicht antun, es ist Dir doch recht?

Ja, im Geiste spreche ich mit Jennifers Bild
dem Leser ist es wohl sicherlich schon aufgefallen
plötzlich ein kleines Kind, was da brüllt
Luftballons, große und kleine, die da knallen

Als da hinter mir eine Kinderstimme spricht
„schau mal Mama, was für ein Bild er an seiner Tasche
trägt
bestimmt ist das seine liebste Freundin, oder nicht?"
Ich hörte jene Worte und war innerlich sehr bewegt

Am liebsten hätt ich mich umgedreht
und dem kleinen Mädchen zugelächelt
Es konnte ja nicht wissen, wie es um mich steht
Doch die Mutter zog das Kind an sich, mit dem Hund,
der da gehechelt

Ich sehe in die vorbeihuschenden Gesichter
dieser Menschen, die durch Spiel und Spaß Ablenkung
suchen
Laute Musik, johlende Jugend, grelle Lichter
vollgestopft mit Bratwürstel und Lebkuchen

Gar lustig gehts umher im Bayernzelt
trinken und johlen ist angesagt
was kostet denn schon die Welt
Pfundig sehen's aus, die Leut mit Tirolerhut und langem
Bart

Einen kleinen Moment verweile ich noch hier
die Stimmung ist gut, aber ziemlich verraucht

„Eine kühle Blonde", Du gestattest es doch mir
nicht mehr, sonst gibt es einen kleinen Bierbauch

Mehrere Biere steigen mir sonst in den Kopf
will nachher noch einen Autoscooter lenken
sonst werd ich halt grantig und bekomme noch Zoff
und was wirst „Du" wohl von mir denken

Nein Jennifer, es war nur ein Spaß
Ich werde eher lustig und komme aus mir heraus
Beim Trinken halte ich immer Maß
und komme deshalb immer sicher nach Haus

Lass uns weitergehen zum nächsten imposanten Karussell
ein neues Fahrgeschäft, dass sich die Gesichter der Fahr-
gäste färben
Doch ich bin nicht mehr der Jüngste, mir geht es zu
schnell
und ich habe Angst, dass mir könnte schlecht werden

Gegenüber ist die neue furchterregende Geisterbahn
Ja, „Du" bist einverstanden, seh dabei auf Dein Bild
Wir sind ja zu zweit und müssen nicht alleine fahr'n
wollen rausbekommen, welche Schrecken sie enthüllt

Keine Angst, Du mein seeliger Engel
auch wenn wir haben feuchte Hände, die da schwitzen
Die Monster sollen nur kommen aus der Finsternis ihrer
Quelle
Dich werde ich vor allen bösen Geistern beschützen

Oh wie gruselig ist es da herinnen, so eine Fahrt
leuchtende Augen, wilde Klauen, die nach uns da greifen
Schauerliche Geräusche, die uns manchen Schrecken
eingejagt
und am Ende noch ein fürchterliches Pfeifen

Zärtlich berühre ich Dein Portrait an meiner Tasche
Gern hätt ich Dich im Dunkeln geküsst
spürst Du, wie ich Dich zärtlich umfasse
Weiß ich doch, dass es nur Dein Bildnis ist

Und nicht weit von diesem unheimlichen Ort
wartet schon die nächste Attraktion, die da glänzt
Eine neue Achterbahn, die da für Getöse sorgt
Eine neue Errungenschaft, ein technisches Schreckgespenst

Augen zu und durch, ich werde es probieren
Ich halt Dich fest in meinem Arm
Ein Blick auf Dein Bild, will mich nicht vor Dir blamieren
Es ist luftig und kühl, werde aber dennoch fahrn

Puh, die Menschen sind so klein, wirken wie Zwerge
als es da plötzlich in den Looping geht
mir stehen die Haare schon zu Berge
Oh, mir wird übel, ach Jenny, nun ist es zu spät

Kreidebleich bin ich aus der Bahn gestiegen
ein wenig die Umwelt sich um mich dreht
Ich überlasse in Zukunft den Vögeln das Fliegen
Was für ein Wohlsein, wenn man sicher wieder auf der
Erde steht

Die Welt ist schon verrückt, in der wir leben
und ich bin einer, der sich selbst zählt dazu
In schwindelerregender Höhe wird mir übel, nur um zu
schweben
Und zahle noch Geld dafür, ich Narr, ach lasst mich
doch in Ruh

„Was meinst Du, ich solle lieber ein Pony reiten, was da
steht bereit",
flunkert Jennifer da aus meinem Herzen
Oh Gott, das arme Pferdchen tut mir jetzt schon leid
Ah, ich verstehe, Du beliebtest mit mir zu scherzen

Mir gefällt Deine Art von Humor
ich weiß, Du bist nicht auf den Mund gefallen
Du bist hübsch, geistreich und hast eine attraktive Figur
Keiner kann Dir das Wasser reichen von uns allen

Mir fällt auf, dass ich in Gedanken mit mir selber sprech
und streichel dabei Dein Bildnis liebevoll am Gesicht
Du sprichst zu mir im Geiste, ist schon recht
Ich liebe Deine herbe Stimme, die da spricht

An der Schießbude:

Eine Rose möchte ich für Dich schießen
Drei Schüsse, einmal getroffen, zweimal daneben
Dumme Sprüche hinter mir wie „Augen bitte nicht
schließen"
es gibt nur einen Trostpreis, blamiert habe ich mich
soeben

Doch soll es noch ein weiteres Missgeschick geben
denn „hau den Lucas" hört man die Menge laut rufen
Ich anvisiere den Bolzen, hol aus, schlag voll daneben
im Erdboden hätt ich versinken können, war innerlich
am fluchen

Die Leute grölen und spotten, sind am pfeifen
ganz beschämt sah ich auf Dein Bildportrait, das an
meiner Tasche hängt
Nun seh ich es auch an Deinem Schmunzeln, Du konn-
test es Dir nicht verkneifen
Oh, welch ein Glücksgefühl, dass Du mir ein Lächeln
hast geschenkt

Halbwüchsige Jungs, die in den Autoscootern sitzen
Junge Mädchen, die da lässig ihre Zigaretten rauchen
aus Lautsprechern agressive Popmusik, Photohandys, die
da blitzen
Umarmungen, Liebesgeflüster sich in die Ohren hauchen

Merkwürdig, sind nur wenige Jugendliche, die da fahren
Modisch gekleidet, sehen und gesehen werden
Pubertätspickel im Gesicht, nix in der Birne, aber den-
noch groß prahlen
Lautes anmachen, rumgrölen und lärmen

Ach Jennifer, war ich damals auch so
durchgeknallt, vorlaut und ein wenig aufgedreht
heimlich den Mädels geguckt auf den Po
Ach, man kommt ins Alter, wie schnell doch die Zeit
vergeht

Noch schnell ein Los gekauft, mal sehen
natürlich eine Niete, trags mit Humor, bin nicht erbost
doch wenn ich die freie Auswahl hätt, würde ich nur
Dich erwählen
Denn Du bist an meiner Seite viel mehr als nur ein lieber
Trost

Süße Düfte von Mandeln, Waffeln und Lutschstangen-
kerzen
wenigstens sollst Du, meine Liebe, nicht leer ausgehen
Für Dich kaufe ich gleich zwei Lebkuchenherzen
weil Du so gerne Süßes magst, es soll Dir an nichts
fehlen

Und wie ich so in Gedanken verloren
spricht mich ein alter Freund unverhofft an:
„Lange nicht gesehen, Du alter Romantiker, spitz Deine
Ohren
Wer ist diese junge Frau, die ich dort erblicken kann?"

„Eine neue Freundin, Du hast sie mir noch nicht vorge-
stellt
Sag, ist es eine neue Flamme, die Du begehrst?"
„Vorstellen, das werde ich später tun, in einer uns ande-
ren Welt
Doch heute ist sie mir zugetan, in meinem wehmutsvollen
Herz"

Verwundert sah er mich an, da ich so abwesend war
„Verzeih mir mein Freund, ich bin mit meinen Gedan-
ken oft gern allein

Sie ist meine große Liebe, doch sie ist für andere unsichtbar
Denn nur ich kann sie wahrnehmen, wenn sie es will,
insgeheim

„Machs gut, mein Freund", ich ließ ihn stehn
Von weitem ich sah einen großen Luftballon, der mir gefiel
mir wurde die Unterredung schon ein wenig unangenehm
Mich auszusprechen war mir nun einfach doch zuviel

Jener Luftballon, er erinnert mich an ein anderes Ge-
dicht, das ich geschrieben
Ich werde ihn kaufen und ihm die Freiheit geben
flieg hinauf ins helle Wolkenlicht, zu meiner „Lieben"
Denn ihr zum Gedenken soll er in den Himmel schweben

Ich sah ihm lange nach, diesem Ballon
und eine kleine Träne entglitt mir fast unbemerkt
aus einer Musikbox erklang ein mir so liebevoller Song
„She" von Charles Aznavour, den ich so gern hab gehört

Ich lausche jener Melodie und denk dabei „an Dich"
sehe Dein geistiges Bild und schwelge dabei in meiner
Phantasie
als da plötzlich fliegen Gondeln vorbei, recht nah an mich
Raumschiffe mit Getöse, die sich überschlagen, genannt
Gemini

Blitzartige Lichter, lautes Geschrei, einhämmernde Musik
Menschen in schwindelnder Höhe fliegen durch die Lüfte
die Schwerkraft wird aufgehoben, gegen die Gesetze der
Physik

kam aus dem Staunen nicht heraus, dass ich meine Nase
rümpfte

Diese Karussels werden immer höher und bewegter
Ich glaub, ich bin zu alt dafür
nur mein Herz schlägt noch aufgeregter
wenn ich mit meinen Lippen Deinen Mund berühr

Dieser Mund, der so schön lächeln kann
wie auf dem Bild, das ich bei mir trage
Deine Augen sehen mich so zärtlich an
dass ich im Geiste Dich so sehnsuchtsvoll umarme

Noch schnell eine Bratwurst essen im steh'n
denn was der Magen verlangt, das braucht er
seh dabei die Menschen an, die da vorüber gehn
Diese Hektik, dieses Treiben, ach wenn ich doch bald
schon zuhaus wär

Und auf dem Heimweg plötzlich da
denn diesmal ging ich zu Fuß
von weitem in großer Höhe meinen Luftballon ich sah
und ich spürte in meinem Herzen einen Wehmutsgruß

Ja, du mein Ballon, f l i e g, f l i e g, f l i e g
wohin die Winde dich auch wehn
Grüß mir mein Mädchen, sag ihr, dass ich sie lieb
Denn du bist mein Himmelsbote, flieg zu den Englein,
die von dort zu uns heruntersehn

Endlich wieder zuhause angelangt und daheim
leg ich eins der Lebkuchenherzen zu Deinem Angesicht
Denn Dein Portrait steht für sich ganz allein
will Dich damit beschenken, so bin nunmal ich

Jenes Bild von Dir, das da an meiner Tasche hängt
es wird mich immer begleiten, so will ich es
Das trag ich nur, weil ich so oft an Dich denk
und im nächsten Jahr gehen wir wieder zusammen zum
Freimarkstfest

„DURCHWACHTE NACHT"

Spät ist es geworden zu dieser Stunde
jener Film im TV, den ich noch sehen wollte
Hunger hab ich noch, denk aber an meine Pfunde
Das eine, was man will, das andere, was man sollte

Will mich hinlegen, der Tag war recht lang
Soll ich noch ein Buch lesen?
Nachdenken, mit dem Kopf aufgestützt in der Hand
oder einfach nur vor mich hindösen

Zum Schlafen fehlt mir noch die Müdigkeit
durchdenke ich ein neues Gedicht?
Habe zum ruhen noch ein wenig Zeit
drücke auf den Lampenknipser, es leuchtet ein kleines
Dämmerlicht

Viele Gedichte habe ich schon in mancher Abendstunde
verfasst
doch diesmal möchte ich mich auf ein neues Gebiet wagen
Ich möcht meine Liebe selbst sprechen lassen, als mein Gast
Ob es mir gelingen wird, ich vermag es nicht zu sagen

Da träume ich nun in meiner Ecke
und halte Dein Kopfkissenbild in meinem Arm
komm zu mir ganz nah unter meine Decke
Möchte mit Dir kuscheln, will Dich halten warm

Einmal nur, ach einmal nur möchte ich es wagen
mir vorzustellen, Dich bei mir zu haben
Dich in den Arm zu nehmen, um Dir zu sagen
was ich für Dich empfinde, wenn ich ausspreche Deinen
Namen

Ja, stundenlang könnte ich Dein Bildnis busseln
um Dir süße Worte flüsternd ins Ohr zu tragen
am liebsten würde ich mit Dir so gerne kuscheln
Aber Liebe heißt oft auch zu entsagen

Ich sehe Deinen seelenvollen leuchtenden Blick
und Deine in sich gehende verschwiegene Zärtlichkeit
in meinem Herzen macht es auf einmal 'Klick'
bin ich doch, wenn auch nur in Gedanken, mit Dir
vereint

Auch spüre ich Deine unterdrückte Sehnsucht
nach einem Menschen, der Dich wirklich liebt, was ewig
währt
es überfällt mich mit großer Wucht
ach, könnt ich doch derjenige sein, der Dich so begehrt

Ich halte Dich in meinen Händen
umarme und küsse Dein Kopfkissenportrait immer wieder
es ist verrückt von mir, wie soll man es sonst wohl nennen
und doch rollt wie eine Perle eine Träne an meiner
Wange nieder

Ich möchte mich meinen Träumen hingeben
und streichel Dich zärtlich wie ein Kind

manchmal möchte ich garnicht mehr leben
und wie Du sein, Sterben im Wind

Dann liegen wir dicht an dicht an einem schönen Tag
wie schlafende Blumen auf Deinem himmlischen Grab
während der Sommerwind kühlt die erwärmte Luft
und jene, die uns besuchen, nehmen auf unseren lieb-
lichen Rosenduft

Was ist das bloß, dieses grüblerische Nachdenken
in dunkler Stille lieg ich da, wehklagend
muss mich vom Trübsal ein wenig ablenken
muss niederschreiben das, was da in meinem Herzen
brennt

Ich stelle mir vor, was wohl wär geschehen
Wir beide in einem Münchener Cafe, während es drau-
ßen regnet
Es ist ja nur eine Fiktion, wollen es nur mal annehmen
Ach, ich wär „Dir" so gern einmal begegnet

Wie gern wär ich mit „Dir" zusammen
und hätt mit Dir ein Gespräch geführt
Dir gegenüber zu sitzen, Du hälst mein Herz gefangen
Aufgeregt wär ich, ob Du es wohl auch hättest gespürt

Ich probier's
mal sehen, was daraus wird
Das hätt sich vielleicht so angehört:

„Dialog"

„Habe von Ihnen einen Film gesehen
der da heißt —Ich pfeif auf schöne Männer—
Sie haben wundervoll eine starke Frau gegeben
die sich durchsetzt, große Schauspielkunst, Sie sind ein
großer Könner"

„Ah ja, ich erinnere mich
mit Stefan Jürgens und Peter Sattmann
sie spielten zwei Homosexuelle, nein, ich lache nicht
Sie waren großartig in ihren Rollen, es soll eine Fortset-
zung geben, irgendwann"

„Machen Sie sich nicht so klein
Ihnen gebührt mein Wohlwollen, oh, Ihr Glas ist leer
Darf ich Sie einladen zu einem weiteren Glas Wein
Frau Nitsch, bitte geben Sie mir halt die Ehr"

„Darf ich Jennifer zu Ihnen sagen
Sie haben diese Rolle nicht gespielt, sondern sich selbst
Jenes gewisse Charisma, was andere Darsteller nicht
haben
ausdrucksvoll, standhaft, wie in der Brandung der be-
rühmte Fels"

„Mein lieber Herr, Sie machen mich ganz verlegen
Ja, ich nehme meinen Beruf sehr ernst und liebe ihn sehr
Es gilt, immer das Höchste in der Schauspielkunst anzu-
streben
Theater spielen möchte ich und noch vieles mehr"

„Und wenn es ist mir bestimmt
so möchte ich auch mal eine eigene Familie haben
Ein kleines Häuschen am Stadtrand mit Mann und Kind
Doch erst später, in vielleicht ein paar Jahren"

„Denn ich brauche meine Freiheit noch
kann jetzt noch keine Verantwortung tragen
möchte lieber erst einmal für mich allein sein, und doch
stellen sich mir auch manchmal unbequeme Fragen"

Ein leicht duftendes Parfum, nicht aufdringlich süß
ein dezenter Duft, der sie umgab
etwas müde wirkend, aber nichts vom Charme eingebüßt
Das ist die Frau, so wie ich sie mag

Und ich dachte mir insgeheim
von ihr geliebt zu werden muss wundervoll sein
Die Art, wie sie ihre Zigarette hält
Ihre herbe Stimme, die mir so gut gefällt

„Warum schauen Sie mich so nachdenklich an?
Möchten Sie noch etwas hinterfragen?
Ich höre Ihnen so gerne zu und weil ich meinen Blick
nicht von Ihnen abwenden kann
verzeihen Sie meine Offenheit, ich möchte Ihnen noch so
viel sagen"

„Sie sind eine so wundervolle, liebenswerte Frau
eine Frau, die weiß, was sie will, die fest im Leben steht
Nein bitte, widersprechen Sie nicht, ich weiß es genau
Ich wünschte, ich hätt mein Dasein anders gelebt"

„Wissen Sie, ich wär auch sehr gern Schauspieler geworden
oder Rundfunksprecher von Radio Bremen
doch fehlte es mir an Mut und ich hatte finanzielle Sorgen
aber gute Musikstücke moderieren, das liegt mir, ich
kann gut reden"

„Ich habe gehört, dass Sie Gedichte schreiben
für welche Art von Text haben Sie sich entschieden?
Wie sind Sie darauf gekommen zu reimen,
sind es Liebesgedichte, gibt es da jemanden, den Sie lieben?"

„Das fragen Sie mich?
Ich schreibe diese Gedichte, weil ich Sie.....
Sie haben noch keins gelesen?
Sie werdens nicht glauben, erratens wohl nie
Ja, es gibt da ein weibliches Wesen"

„Es ist jene Frau, die Licht in mein Herz bringt
Sie ist das positive Denken, was mich erfüllt
Sie ist meine Lieblingsmelodie, die in mir klingt
Sie ist mein erster Gedanke, wenn ich küsse ihr Antlitz
von einem Bild"

„Ja, sie ist der Grund, warum mein Herz so aufgeregt
schlägt
Doch mag ich meine Gefühle nicht so offen zeigen
Wenn sie vor mir steht, bin ich innerlich so bewegt
ahnen Sie denn nicht, wen ich könnte meinen?"

Sie sah mich nachdenklich fragend an
mit ihrem träumerischen, sehnsuchtsvollem Blick

„Haben Sie ein Gedicht, was ich einmal sehen kann?"
Und ich reichte ihr jenes, was ich hatte dabei, zum Glück

Sie begann zu lesen:

Sie ist mir so nah und doch so fern
wenn ich des Abends bin für mich allein
so weit, wie jener leuchtende Stern
das ist der Grund, warum ich wein'

Ein Engel ward vom Himmel herabgesunken
und ich klagte ihm mein Verlangen und Sehnen
Er erschien mir wie ein göttlicher Funken
berührte mich und glättete meine Tränen

Und als ich zu ihm aufsah, von Tränen befreit
da sah ich, dass „Sie" es war, meine ewige Liebe
Von Gott wurde mein Engel mir gesandt, mich zu
trösten in meiner Einsamkeit
und ich hätt mir so gerne gewünscht, dass er für
immer bliebe

Sie sah auf und legte das Blatt beiseite
ob sie sich selbst wohl in diesem Gedicht erkannte
denn als ich ihre Hand mit der meinigen streifte
war es die ihrige, die da zitterte und wankte

Und sie sprach:

„Sie schreiben von Ihrer Liebe, die da ist tot
und nun als Engel Ihnen wieder erscheint

traurig und doch so schön, wie ein malerisches Abendrot
Und ich glaubte schon, sie hätten mich damit gemeint"

Eine dunkle Ahnung, ein schrecklicher Gedanke, der
mich da beschlich
Sollte „Sie" dieser Engel sein, den ich mochte so gern lieben
Welch ein Wahn, der da meinem Geist entwich
um Gottes Willen, habe ich es für die Zukunft geschrieben

Doch war sie gefasst und setzte ein Lächeln auf
„Sind all Ihre Gedichte so melancholisch?
Ich fürchte ja, ich wette drauf
aber ich mag Ihre Gedichte, sie sind so furchtbar romantisch"

Natürlich habe ich sie gemeint, dachte ich
doch wagte ich es nicht auszusprechen
Liest Du es denn nicht zwischen den Zeilen, ich liebe
Dich, ich liebe Dich
Sie empfindet wohl nicht das gleiche für mich, ein uner-
fülltes Märchen

Sie ist so schön, süß und begehrenswert
Sie ist charmant, geistreich und belesen
Es war Apolls Liebespfeil, der mich traf und heute noch
in mich fährt
Sie sitzt mir gegenüber, ein wunderbares weibliches Wesen

„Kennen Sie den Film ‚Frühstück bei Tiffany', fragte ich
mit Audrey Hepburn, die uns allen unvergessen bleibt
Sie spielte eine Frau, die, so finde ich, Ihnen sehr ent-
spricht

eine junge Frau, die Liebe sucht, sich aber nicht binden
wollte, wie mir scheint"

„Sie sprechen aus meinem Herzen, mein Herr
Ja, ich kenne diesen Film, bin wohl im Bilde
Ich hab mich in dieser Filmfigur erkannt und mag diese
Geschichte sehr
Es ist einer meiner Lieblingsfilme"

„Auch ich habe schon oft die Zuneigung eines Mannes
gesucht
habe aber die richtige große Liebe noch nicht gefunden
Sie kommt eben unverhofft oder mit zielstrebender Wucht
Doch ich mag es nicht, wenn man sich fühlt gebunden"

„Jedoch sollte man in der Liebe nichts säumen
ist es erst zu spät an Jahren, wie die Blätter, die da fallen
vom Baum
man sollte sein junges Leben nicht träumen
aber leben sollte man seinen Traum"

Welche Poesie spricht da aus ihrem Mund
Worte, die nur sie so wiedergeben kann
Sie wird mich nie lieben können, ich weiß es ja, na und
Doch werde ich ihr Dichter sein, bald oder irgendwann?

Denn sie ist es wert, von mir geliebt zu werden
und wenn es auch nur in Gedichten ist
Verliebt in eine Frau, die es nicht für mich gibt auf
Erden
Weiß ich doch, dass „Du" mehr als ein Idol für mich bist

Dieses Gespräch, komme nun in eine denkwürdige Situation
habe ich aber mit sympathischer Tinte geschrieben
Es ist und bleibt aber eben nur eine Fiktion
über zwei Herzen, die sich nie gefunden und sich den-
noch könnten verlieben

Ob mir der Dialog ist gelungen
Ich vermag es nicht zu sagen, ich weiß es nicht
habe versucht, mich reinzudenken in diesen Abendstunden
wollte einfach mal mit Jennifer sprechen, es lag in meiner
Absicht

Wie die Zeit vergeht, es ist schon weit nach Mitternacht
Die Kirchturmuhr läßt sich deutlich vernehmen
Ich habe die halbe Nacht geschrieben und durchwacht
um Euch diese Geschichte in Gedichtform zu erzählen

Doch lösche ich nun das Licht
lege mich hin und kuschel an Deinem Kopfkissen
flüstere Dir leise zu ,Gute Nacht, ich liebe Dich'
und träume von Dir mit zärtlichen Küssen

Und wenn ich des Morgens aus meinem Traum erwach
küsse ich ganz still und liebevoll Dein Gesicht
denn Du sollst noch etwas schlummern, und ach
Ich seh Dir so gerne beim Schlafen zu
wenn ich zuende schreibe dieses Gedicht

„NACHDENKLICHE MOMENTE"

Prolog
Wenn alles schläft in der Nacht
wenn alles ruht und schweigt
dann liege ich manchmal lange wach
um meine Gedanken zu ordnen von dem was da bleibt

Das heutige Gedicht lässt sich recht merkwürdig an
was wird werden aus dieser Geschichtew
weiß noch nicht, wie es beginnt und enden kann
Ein eigenartiger Prolog für eines dieser Gedichte

Lege soeben zur Seite eine Tschaikowski-Biographie
eine Lektüre, von der ich besonders bin berührt
bin beeindruckt von diesem russischen Genie
einer meiner Lieblingskomponisten, dem all meine Ehre
gebührt

Und wenn ich höre die Walzermelodien aus der Winter-
traumsinfonie
dann seh ich eine junge Frau, die da tanzt auf Scherben
eine Ballszene, wie von einem Schicksal inszeniert, unter
welcher Regie?
Jennifer schreitet so galant, es schmerzt nicht, man läßt sie
gewähren

Nein, diese Szene ist nicht erdacht
sie hat sich wirklich so abgespielt
in einer Münchener Schickeria, weit nach Mitternacht
wo man sie lachend in den Armen hielt

Der Name des Lokals ist mir nicht bekannt
doch würde ich es gern mal aufsuchen
Sicher hängt noch ein Bild von Jennifer an der „ Prominentenwand"
Was sich hat dort alles abgespielt, ich könnte den Wahnsinn verfluchen

Ich seh es vor mir im geistigen Bild
wie sie tanzt und lacht, dem Alkohol nicht abgeneigt
„Zeig uns Deine weiblichen Reize, uns gefällt's stürmisch und wild"
Der Tanz auf den Scherben, niemand ahnt das Unglück,
jenes Leid

Lieber Leser, dass man mich nicht missversteht
ich verehre diese Frau und würde niemals mit ihr brechen
es ist mein Herz, was ewig für sie schlägt
Denn ich liebe sie mit all ihren Fehlern, Irrtümern und
Schwächen

Ich selbst war dem Alkohol nicht abgeneigt
er tröstete im ersten Moment über vieles hinweg
darum versteh ich es, wenn man will feiern, raus aus der
Einsamkeit
Doch am nächsten Morgen erwacht man wieder in seinem eigenen leeren Bett

Nein, ich verurteile diese Frau nicht
Ganz im Gegenteil, ich liebe sie gerade deshalb und steh
zu ihr
Ich brauche nur in ihre Augen zu sehn, ihr träumerisches
Gesicht
Für jeden Tag, den sie gelebt, schenke ich ihr eine Träne,
ich bin dankbar dafür

In meinem geistigen Bild schließt „Du" die Augen, wenn
ich Dich küsse
und höre Deine so aussergewöhnliche Stimme, wenn
„Du" sprichst
ach, wenn „Du" wüsstest, wie sehr ich Dich liebe und
Dich vermisse
Hinausschreien möchte ich es und verkündige es mit
diesem Gedicht

Doch nur wenige Eingeweihte kennen meine Texte zum
Gedicht
möchte allein sein und still in mich weinen
Tränen fallen auf dein Papierbild mit dem deinigen Gesicht
Was ich wirklich empfinde, soll für Aussenstehende ein
Rätsel bleiben

Doch was ist das, gibst „Du" mir ein Zeichen?
Soll ich mich neu verlieben, dass ich komm zur Ruh
Ich glaube, „Du" würdest es gutheissen
aber welche Frau kann so sein wie „Du"

Nun ward ich von Tschaikowskis Musik abgeschweift
und lausche eben dem Adagio aus seiner ersten Symphonie

Es ist wieder jene wehmutsvolle Stimmung, die mich ergreift
diese trostlose Niedergeschlagenheit, begleitet von jener
Melodie

Diese Klänge, ich liebe diese romantischen elegischen
Melodien
jetzt gerade dieses Englischhornthema, wiederholt von
Streichern und kräftigen Bläsern
wie wundervoll klingt dies alles in symphonischen Har-
monien
Es ist, als wehe der Wind über die russische Steppe und
deren Gräser

Und so, wie jene Melodien auf mich wirken und in mich
gehen
so schreib ich es in Gedichten mit meinen Worten nieder
von Arbeitskollegen belächelt, weil sie es nicht verstehen
Sticheleien hinter meinem Rücken
Ich weiß drum, lass sie nur reden
man hört sowas ja immer wieder

Gewiss, ich werde zur komischen Figur
und man ist dann in aller Munde
doch wer mir dumm kommt, erlebt eine Abfuhr
und dennoch, es schmeckt bitter auf der Zunge

Ja, so sind sie eben, die Ahnungslosen unter sich
sie lieben eben eher moderne Musik, Lichter, Glanz und Pomp
es gibt kaum größere Enttäuschungen für mich
als wenn man mit gleichgültigen Menschen zusammen-
kommt

Da sitzt man hin und wieder in seinem Stammlokal
trinkt seinen Kaffee, raucht eine Zigarette
beobachte einen anderen Gast, der voll ist wie ein Kanal
am Tresen bedient eine Blondine, eine ganze Nette

Vielleicht hat dieser Gast auch seinen Kummer und jene
Sorgen
sei es das kranke Kind, die untreue Frau, die bevorste-
hende Arbeitslosigkeit
die ganzen Probleme werden mit Alkohol weggespült bis
auf morgen
Was kümmerts einen in dieser schnelllebigen Zeit

Sehe den jungen Leuten nach
die Jungs mit ihren modischen schlottrigen weiten Hosen
von denen würden passen zwei in eine Hose, dass ich
nicht lach
Großes Mundwerk, kleines Hirn, in der Hand kleine
Bierdosen

Komisch, bei den Mädels ist es genau umgekehrt
Wie kommen diese bloß in die engen Beinkleider
dass es den jungen Frauen im Schritt richtig zerrt
aber man trägt das heute wohl, so sind eben halt die
jungen Weiber

Wenn ich diese jungen Dinger sehe, fühle ich, dass ich
älter geworden
Wie furchtbar, ich erschrecke mich jedesmal aufs Neue
Bald ist das Leben vorbei und man wird mich entsorgen

und zurück bleiben Erinnerungen und meine Dichter-
träume

Träume, Winterträume, so heißt ja auch dieses Werk
das Finale mitreissend und kraftvoll
eine Musik, die mir ins Blut fährt
wie ich es liebe in Dur und in Moll

Die Musik, sie holt mich immer wieder ein
gerade auch dann, wenn ich in Gedanken so abwesend bin
ein musikalisches liebliches Thema, das könnte auch
Jennifer sein
Nachdenkliches geht mir oft durch den Sinn

Diese Momente, es sind flüchtige kurze Seeligkeiten
die mich in meinem Inneren so berühren
„Sie" fehlt mir so sehr, unerträgliche Einsamkeiten
wohin soll das alles noch führen

Ja, ich seh es noch immer, wie „Sie" auf Scherben sich
bewegt
und am Horizont dunkle Wolken warnen durch ein
Grollen
Ist es eine Warnung von oben, weil der liebe Gott seinen
Finger hebt
Wie hätte ich nicht von „Ihr" wissen sollen

Ich möchte mal wieder in eine Kirche gehen
schon wegen der Atmosphäre, ich mag den Weihrauch so
gern
auf einer Bank still sitzend, um mit Jennifer zu reden

Ich weiß, „Du" wirst mich hören, auch wenn „Du" bist
noch so fern

Aber was ist, wenn das alles nur Lüge und „Du" gar nicht
im Himmel bist
dass sich jemand das nur ausgedacht, um uns zu trösten,
um zu lindern unsere Schmerzen
wenn das alles nur ein furchtbarer Aberglaube ist
Nein, das kann nicht sein, „Du bist da" dort oben und in
meinem Herzen

Mein Gott, der du da am Kreuze, wo war ich mit mei-
nen Gedanken
Du hast schon so oft zu mir im Guten gesprochen
Verzeih mir, der Verlust eines geliebten Menschen, ich
fing an zu wanken
bin manchmal verzweifelt, fühl mich niedergedrückt und
gebrochen

Oh Gott, Du weit entfernter, Du geheimnisvoller
es ist für mich nicht leicht, Jennifers Schicksal zu akzep-
tieren
Du übst aus Deine schreckliche Gerechtigkeit im Zeichen
des Donner
 Es sei mir doch erlaubt, Deine Entscheidungen zu kriti-
sieren

Und ich frag mich, warum bin ich hier
warum grübel ich so viel, verflucht
Was soll das, warum bin ich nicht bei „Ihr"
und ich denke an den nächsten Grabbesuch

Schlage soeben die aktuelle Zeitung auf
lese über Erdbeben, Elend und Hungersnot
Verwüstungen, Feuersbrünste, die sich verbreiten, und
Rauch
Bürgerkriege, dass Muslime und Christen sich schlagen
gegenseitig tot

Und was steht dort, dass in absehbarer Zeit
ein Asteroid in zwanzig Jahren auf die Erde schlägt ein
Ein Monstrum aus Eis und Stein, was da kommt aus der
Unendlichkeit
Durch nichts aufzuhalten, es sei denn, es gibt Informati-
onen, die da noch sind geheim

Vielleicht das man durch eine Kernspaltung erzeugt eine
Schmelzfusion
um mit dieser Sprengung den Brocken aus seiner Bahn zu
werfen
Das ganze nennt man dann eine Thermonuklear-Explo-
sion
doch wie soll eine bestückte Atomrakete treffen, wenn das
Ziel ist so klein, das kostet Nerven

Doch wollen wir den Teufel nicht an die Wand malen
betrachten wir das Ganze mit Zuversicht
Ich würde es mit Albert Einsteins Worten sagen:
„Raffiniert ist der Herrgott, aber boshaft ist er nicht"

Der gute Albert Einstein, er meint es sicher gut
nur, wissenschaftlich gesehen, glaube ich nicht daran
denn es wird geschehen, wenn man nichts dagegen tut

weil ich ahne, dass irgendwann doch so ein Koloss auf
unserer Erde einschlagen kann

Einstein, die wilden Haare, sein berühmter Schnurrbart
lange habe ich versucht zu verstehen die Relativitätstheo-
rie
Energie gleich Masse mal Lichtgeschwindigkeit im Qua-
drat
Hab schon viel darüber gelesen, aber so richtig verstanden
habe ich sie nie

Doch wenn ich die Wahl hätt zu entscheiden
zwischen Einsteins durchdachter theoretischer Physik
und Tschaikowskis herrlichen Harmonien, jenen beiden
so gäbe es einen Künstler, der mir am Herzen liegt mit
seiner romantischen Lyrik

Jenen Dichter möcht ich noch zu Wort kommen lassen
Vielleicht ahnt der Leser schon, wen ich damit meine
„Dort wo man Bücher verbrennt, verbrennen später auch
Menschen in Massen"
Ein, wie wir wohl wissen, nachdenklicher Satz, gespro-
chen von meinem Lieblingsdichter Heinrich Heine

Von seinen Erzählungen und Gedichten fing ich an zu
schwärmen
und dieser romantische Geist geht mir recht nah
und während die heutige Kultur nur noch besteht aus
Comics, Popstars und lärmen
vergißt man die alten jungen Dichter, ich finde das mehr
als sonderbar

Oder liegt es an mir, leb ich denn in einer anderen Welt
dass ich mich abwende und zum Misanthropen bin
geworden
Es ist wohl mein eigenes Denken und Handeln, dass sich
niemand zu mir gesellt
Ach was, ich bin ich, hinfort mit euch, ihr unnützen
Sorgen

Nehme das Buch wieder auf, die Tschaikowski-Biographie
fühle mich ein wenig seelenverwandt mit dem Kompo-
nisten
und sterbe einen plötzlichen Tod in meiner Phantasie
ach wie gut, dass man nicht weiß, wann's der liebe Gott
wird richten

Ach Jennifer, habe ich schon zu lange gelebt?
Anhand der Jugend und ihren jungen Gesichtern
spür ich, wie die Zeit an mir vorübergeht
und lese nur noch Bücher von Musikern und längst ver-
storbenen Dichtern

Aber unglücklich bin ich nicht, ein wenig nachdenklich
höre ein neues Musikstück, die „Romeo und Julia"-Phantasie
denke dabei besonders stark auch an „Dich"
über eine unglückliche Liebe, vertont von meinem gelieb-
ten Tschaikowski

Ach, warum bin ich immer noch hier
sehe müde und mitgenommen aus
diese Melodien strömen in meinen Geist und bleiben in mir
Ein Tanz auf Scherben, ein ewiger Rausch

Ob man ahnt, wann man am Ende ist
wenn man ausgelaugt ist auf ewig
wenn man in sein lebloses Spiegelbild schaut, das du selbst
bist
Dass man spürt, du bist fertig, bist am Boden, du bist
erledigt

Nicht den Kopf hängen lassen in diesen nachdenklichen
Momenten
sondern aufrecht gehn mit frischem Lebensmut
nicht mehr soviel grübeln, sondern positiv denken
denn nach dem Trübsinn kommt ein Lächeln und alles
wird gut

Ja, alles wird gut, auch unbekannte Phänomene, welche
wir nicht begreifen können oder verstehen
über Licht, Dunkelheit, Tod und Verklärung
Man muss kämpfen, so ist nunmal das Leben
In meinem Herzen fühle ich mich jung, vielleicht ist
Jennifer der Grund

Verstehen tue ich es selbst nicht, geht über mein Latein
es sei denn, man heißt Albert Einstein

Reiseimpressionen

Prolog
Am 13ten Juni 2004 blieb die Zeit für mich stehen
jener Grund, weshalb ich pilgere an Jennifers Grab
Für andere mag sie gestorben sein, für mich ist sie aber am
Leben
Diese Reise nehme ich auf mich, weil ich sie so unendlich
lieb hab

Heute ist der Tag, der 13te Juni im Jahre 2008
pack noch schnell meinen Proviant zusammen
es war für mich eine unruhige Nacht
abergläubisch bin ich nicht, doch ist das Datum auf einen
Freitag gefallen

Dieser Tag könnte warm werden, doch bitte nicht zu heiß
bin kein Sonnenanbeter, wie andere es gerne sind
mir läuft sonst sofort herunter der Schweiß
zu starke Hitze, das ist nicht mein Ding

„Wohin solls denn gehen?" fragte mich der Taxichauffeur
„Zum Hauptbahnhof, ich habe es eilig"
das war zwar gelogen, aber er schenkte mir Gehör
endlich wieder auf Reisen, ich war so seelig

Natürlich hatte ich mir noch ein wenig Zeit genommen
und nutzte diese, um mir die Reisenden anzusehen
Ich liebe diese Bahnhofshallenatmosphäre mit all den
Menschen, die da gehen und kommen
Ein jeder hastet drauflos auf all ihren Wegen

Da laufen sie alle zu ihrem Bahnsteig
die Geschäftsleute, ein kurzer Gruß im Vorübergehen
schnell schnell, mit den Gedanken schon bei der Arbeit
schwerbepackte Rucksackurlauber, die mit ihrer Last sich
kaum können bewegen

In der Halle laufen Polizisten ihre Runden
Obdachlose, die mit Gleichgesinnten gestikulierend reden
halbbetrunkene Fußballfans, die Respekt zeigen vor den
Polizeihunden
wie sie alle auf mich wirken, nein, wie sie alle aussehen

Ich blinzel ein wenig zum kleinen Bild meiner Jennifer
was da an meiner Tragetasche hängt
mir gegenüber sitzt ein in sich gekehrter Obdachloser
Ich fühle mit ihm, ob Jennifer wohl genauso denkt?

Will schnell noch die Süddeutsche Zeitung besorgen
in der meine Gedenkanzeige abgedruckt ist
Ein kleines Gedicht für meine Liebste, nachzulesen am
heutigen Morgen
Jedes Jahr erinnere ich die Leser daran, dass man Jennifer
Nitsch nicht vergisst

Ich seh auf der Bahnhofsuhr, wie der Sekundenzeiger
springt
und lausche der weiblichen Lautsprecheransage, die da so
klingt:
„Sie werden gebeten, sich auf den Bahnsteig zu begeben
Ihr Intercity „Deichgraf" hat Einfahrt auf Gleis neun
soeben"

Oh, ich mag es, wenn ein Zug im Bahnhof einfährt
Es ist so ein kleines nervöses Kribbeln dann in meinem
Bauch
Das Kreischen der Bremsen, das man immer wieder hört
das Öffnen der Türen, und aufgeregt bin ich auch

Aber aber, liebe Fahrgäste, bitte nicht so drängeln
es muss ja niemand während der Fahrt stehen
dass die Leute immer gleich anfangen zu quengeln
und was sie alles an Gepäck und Gelump mitnehmen

Endlich, ich sitze auf meinem Platz, der von einem ande-
ren Fahrgast zuvor angewärmt
mit dem Rücken zur Frontlokomotive
Ich mag es, wenn die Landschaft während der Fahrt sich
vom Auge entfernt
wie die Büsche und Bäume davoneilen, so wie ich es liebe

Fort, fort, fort dem Ort entgegen
wo meine Liebste hat gefunden ihre letzte Ruh
mich bequem in den Sitzsessel zurücklehnen
schau in die fliehenden Wolken,, denn dort oben bist ja „Du"

Was ist das?, fast wär mir eine Träne entglitten
das geschieht, wenn wehmutsvolle Gedanken sich in
meinem Kopf abspielen
Doch dort naht schon der Kontrolleur mit eiligen Schritten
und eine freundliche Stimme fragt: „Jemand neu hinzu-
gestiegen?"

Nehme meinen Tschaikowski-Roman zur Hand
es begleiten mich immer Bücher, wenn ich unterwegs bin
auf Reisen
Ich lese und fühle mich dann so angenehm entspannt
und gleichzeitig hört man das angenehme weiche Fahrge-
räusch auf den Gleisen

Die Landschaft an meinem Fenster vorrüber rauscht
erklingt in meinem inneren Gehör die „Romeo und Julia"
Tondichtung
passend zum Buch diese liebliche Melodie, der ich lausch
und bin verliebt in Jennifers Bild, das ich ansehe zu jeder
Stund

Ja mein Engel, Dein Bildnis sieht mich so liebevoll an
Ich habe es irgendwie seltsamerweise schon mal gespürt
dass eine Frau in mein Leben treten wird, irgendwann
Nun weiß ich es, „Du" hast mein Herz berührt

Ich schließe meine Augen und denke darüber nach, ob ich
Jennifers Vater werde sehen
Er wohnt ja nicht weit weg vom Friedhof und dem Grab
Ich weiß nicht, doch würde ich ihn gern mal in den Arm
nehmen

Er ist ein so angenehmer Mensch, weshalb ich ihn auch so
mag

Jennifer liebte ihren Vater, weshalb ich beide hier im
Gedicht vereint
Es ist mir eine große Ehre, diesem Mann persönlich die
Hand zu reichen
schon oft habe ich mit ihm am Telefon gesprochen und
danach geweint
doch schäme ich mich meiner Tränen nicht, eine entfernte
Zuneigung, die da sucht ihresgleichen

Er ist der Mensch, der Jennifer im Leben recht nahe stand
jener Frau, die uns aus so vielen Filmen recht bekannt
„Jenny" hat er sie liebevoll immer genannt
so auch zu lesen auf dem letzten Telegramm, das von
„Ihr" stammt

Ich stell mir oft das „Nichts" vor, die große Stille
wenn das Herz nicht mehr schlägt
sind wir dann alle nirgendwo, so Gottes Wille
dass man sich im Jenseits wiedersieht, und es dennoch
niemand versteht

Ich schweife mit meinen Gedanken ein wenig ab
während ich halte das geöffnete Buch in meiner Hand
mit jedem gefahrenen Kilometer komm ich näher ans Grab
vergess darüber das Buch, welches doch recht interessant

Obwohl ich in Gesellschaft reise, fühl ich mich oft verlassen
mir geht dann so vieles durch den Kopf, durch den Sinn

dass man glaubt, ich habe im Schrank nicht alle Tassen
Bin nunmal ein Eigenbrötler, weil ich nunmal so bin

Und während ich dieses hier niederschreibe
sitz ich noch in meinem Zugabteil
mache mir nebenbei Notizen, passend zu dieser Zeile
denn in meinem Kopf entsteht ein neues Gedicht der-
weil

Nun dauert die Fahrt nicht mehr so lang
Mein Gott, wie die Zeit beim Reisen vergeht
Jedoch mein Zug hatte Verspätung, mir wurde ein wenig
bang
ob man mich wohl schon erwartet, hoffentlich komm ich
nicht zu spät

Groß war die Freude am Zielbahnhof, der da gleich ist
die Endstation
als ich heraustrat aus dem Zug, mit meinem Buch noch
in der Hand
denn zwei Herren erwarteten mich seit langem schon
Der gute Werner, ein Freund, und der Herr Vater meiner
Liebe, ich hatte ihn sofort erkannt

Beim nähertreten, ich wurde sofort darauf aufmerksam
ein großes Bildnis von Jennifer, das der Werner trug am
Herzen
als mich plötzlich eine große Freude überkam
allerdings trage ich meinen Liebling im Herzen, der
Grund meiner Wehmutsschmerzen

Und als ich nun beiden Herren gegenüber trat
gaben wir uns gegenseitig freundschaftlich die Hand im
Einvernehmen
Merkwürdig, es war mir, als wenn Jennifer auch bei uns
ward
da ich fühlte, sie würde unsichtbar sich neben uns bewegen

Unsichtbar, ich verstehe nicht allzu viel von diesen Dingen
aber ein angenehm kühler Wind begleitete uns die ganze Zeit
Der gleiche Wind, der Jennifer immer sein wollte, als wir
zum Grab hingingen
Ich erwähne es nur nebenbei, bei dieser Gelegenheit

Am Grab spürte ich einen Schmerz in meiner Brust
als ich den Grabstein wollte mit meinen Händen berühren
Ich bin so untröstlich über ihren Verlust
Ein jeder von uns vermochte diese Trauer zu verspüren

Noch eine Dame kam am Grab hinzu
es war die Schwester von Herrn Nitsch aus Wien
Wir standen zusammen am heutigen Todestag zum trau-
rigen Rendevous
Wir „Alten" gedachten in Andacht, sah des Vaters Augen,
es schmerzte ihn

Eine kleine Engelsgruppe aus Stein
möchte ich an Jennifers Grab setzen
ein wehmutsvolles Gedenken soll es sein
Die Englein zusammen mit den Grabkerzen
damit sie des Nachts ist nicht so allein

Zu den Blumen gesellen sich nun auch neue Engelsfiguren
diese sollen Jennifer im Schlafe beiwohnen
Als Schutzpatrone dürfen sie bei Jennifer ruhen
ausgelassene kleine Gesichter, wer weiß, die des Nachts
die wir es nicht sehen, wie Kobolde rumtoben

In den „Sommernachtsträumen" habe ich es ja schon oft
beschrieben
nun kann man sie auch am Tage sehen
Diese kleinen Englein, sie sollen Jennifer in ihren süßen
Schlaf wiegen
und wenn man genau hinsieht,
kann es sein, dass sie sich auch sogar bewegen

Ja, liebe Jennifer, nun bist Du in den Himmel gezogen
dass Du für uns bist unerreichbar
von welchem Wolkengebilde magst Du schauen herunter
nun von dort oben
Und wir erinnern uns an Dich, wie es einmal mit dir war

Es wurden tröstende Worte ausgetauscht
Erinnerungen an das, was einmal war
Wolken bewegen sich am Himmel, vom Wind, der da
stürmt und rauscht
Ja, nun weiß ich es, „Du" bist ebenfalls da

Wie wird es wohl sein, wenn man sich wiedersieht
gibt es ein Leben nach dem Tod, was wir nicht kennen
Vielleicht dass es doch ein neues Leben danach gibt
aber anders, als wir es uns jemals vorstellen können

Wir saßen anschließend gemeinsam in der Kapelle
und Jennifers Vater erklärte uns aus derer Geschichte
vom Schiffbau der verwegenen Wikinger an jener Stelle
altertümlich auch das Dachgewölbe, von dem ich hier
berichte

Das alte Taufsteinbecken, der einfache schlichte Altar
hier fand auch die Zeremonie von Jennifers Trauerfeier statt
nun ruhen ihre sterblichen Überreste, nicht weit von hier,
unmittelbar
in einem liebevoll geschmückten Grab, das nicht ein jeder
hat

Ein kleines Ärgernis stand dem Vater im Gesicht
als er davon sprach, von unwahrheitsgemäßen Presseberichten
Aufdringliche Journalisten waren ihm zuwider, er erlaubte es nicht
diese damals einzulassen, man konnte darauf verzichten

Nicht weit von diesem Ort steht ein freistehendes Haus
das Herr Nitsch sein eigen nennt
Hier ging auch seine kleine „Jenny" als Kind ein und aus
und butscherte im Garten herum, wie man es von Kindern halt her so kennt

Der Hausherr bewirtete uns im Garten mit Kaffee und
Gebäck
Es war mir schon unangenehm, dass er sich solche Umstände gemacht

146

*Der gute Mann hat so eine ausgeglichene Art, sympatisch
und nett
ob Jennifer vom Himmel uns wohl beobachtet, habe ich
im stillen gedacht*

*Meine mitgebrachte Bildersammlung sah er sich an
und bei manchen Bildern seufzte er
Erinnerungen, Momente, deren er sich entsann
sein Atem stockte, um weiter zu sprechen, es fiel ihm schwer*

*Ich fühlte mich schuldig, wie weh es ihm tat
und wechselte das Thema, um seine Wehmut zu nehmen
Wir sprachen über Jazzmusik, die er so gerne hören mag
die Wasserrosen im Teich, die er so schön angelegt, möchte
ich auch erwähnen*

*Ein wunderschönes Anwesen, umgeben von einem Garten
Eine Böe wehte von der Nordsee kräftig daher
Ich musste meine Kopfbedeckung sogar festhalten
Sie kam aus Richtung Nordseestrand, oder war es der
Wind, der sich da nennt „Jennifer"?*

*Ach ja, die Wasserrosen schwimmend im Teich
eine so schön, dass es mich fast traurig macht
so bezaubernd wie jene Rose ist auch unser Engel, der
jetzt im Himmelreich
selbst am Abend leuchtet diese Rose bis spät in die Nacht*

*Ja, der Romantiker, der da spricht, bricht aus mir hervor
Jennifer ist wie eine Rose, die man so gerne zärtlich berührt*

Am liebsten würde ich ihr das Lied singen, doch bin ich
kein Tenor
„Dein ist mein ganzes Herz", ob Du mir hörst zu und
bist gerührt?

Hier in diesem Garten hat Jennifer als kleines Mädchen
verweilt
so ging es mir nachdenklich durch den Sinn
hier hat sie rumgetobt und fiel beim Laufen auch mal hin
und der Vater nahm sie in den Arm, um zu trösten, da
sie hat geweint

Und heute weinen und gedenken wir alle beisammen
und erinnern uns an das kleine Mädchen, das da wurde
zur hübschen Frau
Ihr seht es nicht, doch mein Herz steht in Flammen
und es würde vor Freude zerspringen, wenn „Jenny" auch
wär jetzt hier, das weiß ich genau

Ach was würde ich drum geben
Dir liebe Jennifer recht nah zu sein
und wenn schon nicht im richtigen Leben
so wenigstens im Tode, ihr Anderen möget mir verzeihn

Wo war ich mit meinen Gedanken soeben
Oh, es war unhöflich von mir, habe dem weiteren Ge-
spräch nicht zugehört
Da ist er wieder, der Wind, als wenn zärtliche Finger
durch mein Haar gehen
Kann es sein, dass „Du" es bist, „Du" mein unsichtbarer
Flirt

*Ja, ich bin in manchen Dingen recht empfindsam, aber
auch verletzlich
in meiner mir doch seelischen Sensibilität
Menschen, die nichts empfinden, stoßen mich ab, sind
entsetzlich
Hier bin ich unter Menschen, wo ein jeder den anderen
versteht*

*In illustrierten Zeitungsausschnitten entdeckten wir Photos, die uns berührten
Jennifer einst abgebildet im Promi-Party-Fieber
sogenannte Freunde, die ihr Dasein im Schatten von
Jennifer führten
Der Hausherr sah es mit gemischten Gefühlen, die Münchener Schickeria war ihm zuwider*

*Der gute Herr Nitsch führte uns noch im Garten umher
und anschließend sprach ich noch mit der Dame aus Wien
auf den Spuren von Schubert war ich gewesen, damals in
Wien-Nußdorf, ich erinnere mich noch sehr
Ja, ich bin ein großer Franz Schubert Fan, und kenne all
seine Symphonien*

*Die Zeit drängte, mein Zug würde nicht warten
Auch wollte Werner mich auf der Rückfahrt begleiten
es war wunderschön, hier zu sitzen im Garten
doch wollte ich dem Vater meiner Liebe noch etwas zuvor
beichten*

„In vielen Briefen, aber auch Gedichten, habe ich
meine Liebe kundgetan
Doch weiß ich, Ihre Tochter hätt mich niemals
geliebt, wär auch vermessen
und dennoch, ich stehe zu meinem Liebeswahn
Ich habe und werde Ihre Tochter niemals vergessen"

„Sie ist meine Seelenfreundin, der ich alles anvertrau
Ja, sie spricht zu mir, wenn es ihr gefällt
Mein Leben ist dann nicht mehr so grau in grau
und sie gibt mir Trost, jener Engel, der jetzt lebt in
einer anderen Welt"

Am Bahnsteig noch ein letzter Gruß, eine letzte Umarmung
der Mann, dem Jennifer im Leben so nahe stand
Ein schöner Nachmittag neigte sich dem Ende, zu dieser
Stund
und ein stiller einsamer Wind wehte herrüber vom Nord-
seestrand

Im Zug, mein freund und ich, wir saßen uns gegenüber
und wir sprachen über Gott und alle Welt
die Sonne versteckte sich hinter den Wolken, Regentropfen
stürzten plötzlich hernieder
oder waren es Engelstränen, die da fielen vom Himmelszelt?

Weine nicht, „Du" mein süßer Engel, der Du bist geworden
ich möchte auch am liebsten um Dich weinen
doch versuche ich meine Gefühle zu verbergen, lass mir
nicht anmerken meine Sorgen

denn ich mag meine Tränen dem Freund gegenüber nicht
so zeigen

Zwei betagte Herren, wir fühlten uns wie alte
Junggesellen
als Werner begann, mir jene Frage zu stellen:

„Dass Du kannst solch traurige Gedichte schreiben
Ich bewundere Dich, wie machst Du das bloß?"
Ach, mein Freund, Gedichte schreiben heißt auch oft leiden
doch finde ich in diesen Geschichten auch einen Trost"

„Ja, ich bin recht einsam, wenn ich nicht schreiben kann
und es freut mich, wenn sie Dir gefallen
vielleicht dass sie später mal veröffentlicht werden, ir-
gendwann
Ich muss meine Gedanken sprechen lassen, sonst würde
ich der Melancholie verfallen"

„Jennifer ist das Abenteuer meines Lebens
Es ist ihr unsichtbares Wesen, das in mir lebt
Woher kommen denn sonst all diese Eingebungen, doch
vergebens
Sie soll in meinen Gedichten weiterleben, das ist das, was
mich so bewegt"

„Bitte mein Freund, erschrick nicht
doch manchmal glaube ich, es naht mein Tod
dann denke ich, es ist vielleicht mein letztes Gedicht
die Einschläge kommen immer näher und ich möchte bei
Jenny sein, im Abendrot"

Mein Gegenüber sah mich sprachlos an
Was mochte er wohl jetzt von mir denken
Sicherlich hält er mich für einen introvertierten Mann
Wir wechselten das Thema, um uns abzulenken

In Hamburg trennten sich unsere Wege
Noch schnell eine Currywurst im Stehen
Ich sah ihm nach, und verlor eine Träne
auf Bahnsteig zehn fuhr mein Zug nach Bremen

Im Zug nach Bremen saß ich im Abteil für mich allein
und schrieb weitere Notizen für dieses Gedicht
es war schön, mit meinen Gedanken allein zu sein
als da eine helle Stimme fragte: „Ist hier noch frei?" und
mich beim Schreiben unterbricht

Zwei hübsche Frauen mit langen Beinen und kurzem
Rock stiegen hinzu
die eine dunkel, die andere blond
Vorbei war es nun mit meiner dichterischen Ruh
fühlte mich jedoch wie der Hahn im Korb, wie der Film-
star James Bond

Doch hätt ich die Wahl zu wählen zwischen diesen bei-
den,
denn jene Frauen „schnatterten" drauflos, es hörte nicht
mehr auf
so würde ich mich für keine von beiden entscheiden
Es war kaum auszuhalten, dieses Gerede, ich nahm es in
Kauf

Zugegeben, ich musterte sie, jung, attraktiv alle beide
jedoch der nächste Halt sollte schon in Bremen sein
Noch ein flüchtiger Blick auf die langen Beine
Jennifer im Himmel wird es nachsehen und mir wohl
verzeihn

Gegen Abend in der bremer Bahnhofshalle
Menschen strömen mal wieder zum Ausgang hin
das arbeitende Volk will nach Haus, fast alle
Nur der Obdachlose von heute morgen sitzt noch da, jetzt
mit blutigem Kinn

Ob er geschlagen oder gestürzt, ich wußte es nicht
Im vorübergehen steckte ich ihm ein paar Münzen zu
und sah ihm in sein blutig verkrustetes Gesicht
Ich berührte dabei flüchtig seine Hand und fühlte in mir
eine eigenartige Ruh

Ich sah, wie er von Jugendlichen wurde verlacht
„Seht mal diesen alten Asozialen"
Sie haben eben noch keine schlechten Zeiten in ihrem
Leben bisher durchgemacht
verwöhnt wie sie sind, wissen sie nicht, wie gut sie es bei
Mama und Papa doch haben

Noch auf dem Heimweg ging mir der alte Mann nicht
aus dem Sinn
Hoffentlich gibt sein Schutzengel auf ihn Acht
Ob er noch heute abend verjubelt seinen kleinen Geldge-
winn
und wo wird er nächtigen in der jetzt kommenden Nacht

Zu Hause endlich, und doch wieder allein
die Luft ist abgekühlt und ich sitze auf meinem Balkon
all die Menschen, die mir begegnet, die Schwermut, sie
holt mich wieder ein
will den Tag Revue passieren lassen, lass es läuten, geh
nicht ans Telefon

Mein Blick wandert zu den Baumwipfeln, die sich im
leichten Wind bewegen
und ich denke an Jennifer, ob sie mir als Wind gefolgt ist
Ist es ihre eindeutige Stimme, die da spricht:
    „Willst Du denn ewig in Wehmut leben?
    Sieh, ich bin immerdar, auch wenn Du nicht bei
    mir am Grabe bist"

Diese Stimme, ich sinne darüber nach, zünde mir noch
eine Zigarette an
es ist die erste am heutigen Tag
bin müde, die Reise hin und zurück war doch recht
lang
überarbeite noch heute kurz diesen Text zu später Stund,
das ist so meine Art

Ja Jennifer, die Sehnsucht nach Dir ist noch wach
geb Dir zärtlich noch einen Kuss auf Dein Kopfkissenpor-
trait
und kuschel mit Dir vor dem Schlafengehen, mein Engel,
gute Nacht
Ach diese Augen, dieser Blick so süß wie der eines scheuen
Rehs

Kuscheln ja, doch darf ich dir nicht zu nahe kommen
Ich möchte dir ein guter Freund sein, in diesem Augen-
blick
vielleicht das „Du" mir Deine Zuneigung gewährst, die
ich habe gewonnen
werde es morgen niederschreiben, lege aber nun beiseite
dieses Manuskript

Nun schlafe ruhig, mein Engel auf dem Kissen neben mir
und träume süß von unserer Liebesgeschichte
denn Du bist es mir wert, Deiner zu gedenken, das
schulde ich Dir
doch das werd ich wiedergeben in einem neuen Gedichte

Geschrieben in jener Sommernacht
die ich habe durchwacht
in meinem kleinen stillen Quartier
um es schriftlich niederzulegen
Geschehen im Sommer des Jahres 2004

„ICH BIN ZUENDE MIT ALL MEINEN TRÄUMEN"

Prolog
Schon einmal hatte ich einen Brief geschrieben
an jene Frau, die ich so sehr verehre und liebe
Doch leider ist er unbeantwortet geblieben
Sicher hatte sie wohl eine menge Korrespondenz zu erledigen
und derer gab es wohl viele

Dieser Brief wurde kurz vor Jennifers Tod verfasst
doch sollte er seinen Adressaten nicht mehr erreichen
Nun muss er umadressiert werden an einen himmlischen Gast
deshalb werde ich den Brief an ihr Grab niederlegen

Sehr geehrte Frau Nitsch,

Mein Herz sagt mir, du musst ihr schreiben
es lässt mir sonst keine Ruh
Ich möchte Ihnen meine Gedanken mitteilen
wie gern würde ich es Ihnen anbieten, das „Du"

Doch der Respekt verbietet es mir
Ihnen gleich das „Du" anzubieten in diesem Schreiben

Deshalb halte ich es für angebracht, jetzt und hier
Ihnen nicht zu nahe zu treten und beim „Sie" zu bleiben

Der Grund, warum ich Ihnen heute schreibe
ist der, weil ich Sie so sehr verehre
es ist nicht nur die Künstlerin, die ich meine
sondern die Frau in Ihnen, die ich so begehre

Verzeihen Sie meine so direkte Art
um Ihnen gegenüber die rechten Worte zu wählen
Ihre Erscheinung, Ihren Charme, weshalb ich sie so mag
Lange habe ich mich nicht getraut, es Ihnen zu gestehen

Was ich an Ihnen so mag
ist es, wie Sie sich geben, wie Sie halt eben sind
es ist Ihre unvergleichliche, sympathische Art
Sie wirken selbstbewußt, aber auch manchmal ängstlich
wie ein Kind

Dann möchte ich am liebsten Ihr unsichtbarer Schutzen-
gel sein
und aufpassen, dass Ihnen nichts Böses widerfährt
denn oft bin ich in Gedanken bei Ihnen daheim
Doch ich kann es nicht in Wirklichkeit sein, auf dieser
Erd

Es ist mehr als das, was Sie glauben zu wissen
In schwärmerischen Liebesgedichten habe ich es oft be-
schrieben
In meinen Träumen durfte ich Sie zärtlich küssen
doch weiß ich, Sie könnten mich niemals lieben

Ja, in manch hellen Mondnächten habe ich an Sie gedacht
und meine Sehnsüchte in Gedichten dargebracht
doch habe ich es nicht gewagt, es Ihnen zu offenbaren
In Verlegenheit wär ich gekommen, wenn sie es hätten
erfahren

Wie oft habe ich an Sie gedacht
und mich gefragt, was sie jetzt wohl gerade macht
Ob Sie über Ihren Drehbüchern sitzen und daran studieren
oder durch die Münchener Innenstadt schlendern und
promenieren

Und während ich Ihnen das heute schreibe
möchte ich fragen, ob Sie mir einen Wunsch erfüllen
es ist nur eine Bitte, eine kleine
Seien Sie doch so lieb, zeigen Sie mir Ihren guten Willen

Denn ich wünsche mir ein Bild von Ihnen, mit Autogramm
damit ich besser in Ihren Gesichtszügen lesen kann
um zu erkennen Ihre Gefühle, Ihr Denken, Ihre Ängste,
aber auch Ihr Leid
Sie wirken auf Ihren Portraits so melancholisch in dieser
heute so schnelllebigen Zeit

Ihr Blick wirkt manchmal so ängstlich
und ich lebe und leide mit Ihnen in einem fort
gibt es da etwas, worüber Sie sinnen, nachdenklich
Ich spür es, dass man sich um Sie sorgt

Ich möchte in Ihr Bildportrait mich hineindenken
um das zu verstehen, was in Ihnen vorgeht

Vielleicht dass es mir gelingt, sie von Ihren Sorgen ein
wenig abzulenken
Auch ich habe Momente, von denen ich selbst recht bewegt

Meine Seele ist so oft melancholisch gestimmt
und ich trage vernichtende Fesseln der Schwermut
dann fühl ich mich auch wie ein ängstliches Kind
denke aber dann positiv, und alles wird gut

Wie gern würde ich mich in Ihre Seele einschleichen
um zu ergründen Ihr unbezähmbares Feuer
Sie sind, finde ich, eine Frau ohnegleichen
die man gernhaben muss, Sie sind mir so lieb und teuer

Mein Gott,
wie sehr wünsche ich mir, Sie glücklich zu wissen
Sie, meine unvergleichliche geliebte Freundin
wie gern würde ich Sie in den Arm nehmen und küssen
Verzeihen Sie, ein Wunschdenken geht mir nicht aus dem
Sinn

Ja, es sind zärtliche Worte, die da aus meinem Herzen
strömen
die nur Ihnen, meine liebe Freundin, gewidmet sind
darf Sie halt nur mit einem Briefgedicht verwöhnen
Hoffentlich ist es Ihnen nicht unangenehm, wenn ich Sie
habe verstimmt

Habe übrigens gestern im TV einen Film mit Ihnen gesehen
in einer doch tragischen Rolle, Sie können ja richtig auf-
brausend sein

Toll gespielt, das kann Ihnen keiner nehmen
Ich habe mit Ihnen gelitten, und eine Träne, die mir
entronnen, war für sie ganz allein

Alles, was Sie empfinden, alles, was sie tun
ist mir so sympathisch und angenehm
Sie sind schon eine Berühmtheit, es eilt Ihnen voraus der
Ruhm
wie gern würde ich Sie einmal persönlich sprechen und sehn

Ich bin ein verliebter Narr, der seinesgleichen sucht
Wer ist der größere Tor, der, der da an eine hoffnungslose
Liebe glaubt
oder ist es der, der von teuflischen Mächten ist verflucht
jener, der seinem Idol auf ewig folgt, da sein Herz wurde
ihm geraubt

Ja, Sie haben mein Herz geraubt
aber seien Sie sich keiner Schuld bewußt
Denn ich bin derjenige, der sich nicht hat getraut
Ihnen sich zu offenbaren, der nun vergebens wartet und
erlöst wird durch einen Kuss

Ich träume oft von Ihnen, bis mich die Sehnsucht verbrennt
auch ich sehne mich nach dem Tode in stiller Stunde
und wenn am Abend die Sonne sich senkt
sind es im Traum Ihre Lippen, die mich berühren am
Munde

Sie merken, meine Schrift zittert und wird unleserlich an
dieser Stelle hier

möchte in Gedanken noch bei Ihnen verweilen
Es ist die Erregung und Rührung, die da ist in mir
doch mein Herz diktiert mir, Ihnen zu schreiben

Warum ich Ihnen das alles mitteile
weil mein Herz über meinen Verstand hat gesiegt
und ausgesprochen werden muss mit jeder Zeile
Waren Sie auch schon mal richtig verliebt?

Ich meine so richtig verliebt, wie es Dichter so oft beschrieben
Kennen Sie das Gefühl, das Kribbeln im Bauch, wenn
das Herz aufgeregt schlägt
und man weiß, das ist der Mensch, nur ihn kann ich lieben
Nun ahnen Sie vielleicht, was ich für sie empfinde, wie es
um mich steht

Wissen Sie, was ich zur Zeit gerade lese – Einsteins Rela-
tivitätstheorie!
Doch ahnen Sie, was im Verständnis noch schwerer wiegt?
Als dem großen Gelehrten zu folgen in seinen Schriften
der Geometrie
das ist das Wesen einer Frau zu verstehen, die man von
ganzem Herzen liebt

Glauben Sie an Gott den Allmächtigen
an ein weiteres Leben nach dem Tode?
Das die Gutgläubigen uns nahezu predigen
dass man aufersteht im Schlaf der ewigen Ruhe

Verzeihen Sie, meine Teuerste, dass ich Sie danach frage
Ich selbst bin unsicher, schon dass ich ein wenig wanke

aber man gleitet halt in die reiferen Jahre
und es kommt da so manch sonderbarer Gedanke

Es ist eben ein schöner Gedanke, wenn man glaubt, dass
die Seele in den Himmel fährt
und ich wünsche mir, dass es wirklich so wär
oft habe ich im stillen nachgedacht und anderen zugehört
Doch Zweifel bleiben bestehen und es bedrückt mich sehr

Ich habe so ein ängstliches Gefühl
als wenn von heute auf morgen alles vorbei sein kann
Geht es Ihnen ebenso, dass es einem wird alles zu viel
und der Tod klopft an die Tür, bald, oder doch irgendwann

Verzeihen Sie, Verehrteste
ich bin so furchtbar sensitiv
Sie sind wohl eher das Gegenteil, oder?
Sie spielen Ihre Rollen so richtig impulsiv
Ich muss es Ihnen gleichtun, dann fühle ich mich wohler

Man muss das Leben nicht verstehen
sondern versuchen, sich in ihm zurecht zu finden
Nicht jedem aber ist es vergönnt, den Weg gemeinsam zu
gehen
Weder Sie noch ich wollen oder können uns nicht binden

Doch in der gestrigen Nacht hab ich wieder von Ihnen
geträumt
und habe einen süßen Schmerz verspürt
Ich wachte auf, Tränen hatte ich geweint
Was haben sie nur getan, Sie haben mein Herz berührt

Vielleicht dass ich heute abend in eine Disco gehe
wo sich viele weibliche Singles einfinden
dann setz ich mich zu einer Blondine, ganz in ihre Nähe
und versuche, sie mir schön zu trinken, ob es wird mir
gelingen?

Nein, im Ernst
doch mit Ihnen würde ich gemeinsam tanzen gehen
und all die anwesenden jungen Männer würden mich
beneiden
Zu Ihnen würde man mit staunenden Augen aufsehn
wie Sie sich elegant zur Musik bewegen, um es allen zu
zeigen

Lieben auch Sie romantische Musik
wie gern würde ich mit Ihnen darüber sprechen und
schwärmen
auch lese ich sehr gerne über Lyrik und Physik
nur das Tanzen, das möchte ich, von Ihnen gezeigt, auch
mal lernen

Ja lächeln Sie nur, ich sehe es in meinem Denken
Sie können so wunderbar auf Menschen zugehen
Oh, würden sie mir doch mal Ihr Lächeln schenken
Ach, wie gerne möchte ich Sie einmal beim Tanzen in die
Arme nehmen

Welch ein Zauber ist das, der mich da magisch umgibt
während ich sehnsuchtsvoll an Sie denke
Ich fürchte, ich hab mich unsagbar in Sie verliebt
Ich lebe ohne Herz, da ich Ihnen heute meines schenke

Ich habe den unbezähmbaren Wunsch, Ihnen mein Herz
zu offenbaren
Sehe soeben aus dem Fenster, erblicke die Morgenröte
hab mich wieder um die halbe Nacht gebracht, ich, Kö-
nig der Narren
und schreibe Gedichte an eine junge Frau, wie es damals
getan der alte Goethe

Ein Gedicht wie dieses:

„Gestern Nacht schrieb ich Ihnen jene Liebeszeilen
  heute leide ich an tränenreichen Wehmutsschmerzen
Morgen sterbe ich, wie Goethe es beschrieben in Werthers
Leiden
und was zurückbleibt, ist die Sehnsucht eines gebrochenen
Herzen"

Der Wind ist so angenehm kühl am offenen Fenster
Der Morgen ist erwacht, höre wildes Vogelgezwitscher
Eine Katze schleicht umher und giert nach Vogelnester
und ich schreibe Ihnen in Versen wie ein verliebter Dichter

Ich möchte auch so gern ein Kater sein
um mich an Sie zu kuscheln und zu schmiegen
Ich weiß, ich hätt es gut bei Ihnen daheim
und Sie würden mich dann halt auch streicheln und
mich lieben

Verzeihen Sie meine kindische Art zu träumen
Was mögen Sie von mir denken
Vielleicht dass ich morgen schon werd bereuen

und Sie diesem Brief keine Aufmerksamkeit werden
schenken

Dunkle Mächte zeigen sich am Horizont, und es macht
mir Sorgen
Sehe irgendwo einen herabstürzenden Abgrund
Ist uns das Leben nur für eine kurze Zeit geborgen?
Es beschleicht mich eine unheilvolle Ahnung

Irgendetwas ängstigt mich und ich vermag es nicht zu
deuten
Ein Unglück, das sich will mir noch nicht zeigen
Von fern hör ich die Morgenglocken einer Kirche läuten
Hinfort ihr dunklen Gedanken, darf ich von Ihnen
träumen?

Es ist und bleibt ein ewiges Sehnen und Verlangen
Ihnen in meinen Träumen so nah zu sein wie möglich
Streicheln und küssen möchte ich Ihre lieblichen Wangen
Doch nicht nur in Gedanken, sondern gerne auch mündlich

Erschrecken Sie nicht, es wird nicht geschehen
Nicht dass Sie aus Frust über mich schäumen
muss mich damit abfinden, ohne Sie zu leben
Denn ich bin zuende mit all meinen Träumen

Ja, zuende mit all meinen Träumen, in diesem Gedicht
Wie gern würde ich Ihnen anbieten das „Du", meine Liebe
aber Sie würden es wohl nicht gutheissen, oder nicht?
Und andere Verehrer haben Sie sicher auch, wie mir
scheint, recht viele

Wie machen Sie das nur, dass ich so hingerissen bin
Ihre Art, Ihre Ausstrahlung, Ihr Charme überwältigen mich
Ihr Herz zu erobern ist ein großer Gewinn
Wie beneide ich jenen Mann, zu dem Sie sagen: „Ich
liebe Dich"

Darf ich Ihnen bald wieder schreiben
Es gibt noch so vieles, was ich Ihnen gestehen möchte
nämlich in Gedichtform zu schildern, Sie mögen verzeihen
wie sehr ich Sie begehre und liebe, so manch einsame
Nächte

    Leben Sie wohl, meine Liebe
    wie Sie sich auch werden entscheiden
    Ich werde stets wie ein Ritter Ihnen zur Seite stehen
    und Sie erlauben, Ihnen auch ein guter Freund
    zu bleiben
    um Sie, wenn auch nur in meinen Träumen
    zu begleiten und behüten auf all Ihren Lebenswegen

    Denken Sie an meine Bitte
    ein Bild von Ihnen mit Ihrem Autogramm

    Ihr sehr ergebener

    Manfred Nemann

„Gestern noch ..."

Gestern noch läutete ihr Telefon
angenehm ihr Sprechen in Moll erklang
unverkennbar der etwas dunkle Ton
der herbe Klang ihrer Stimme war mir wohl bekannt

Gestern noch hörte sie ihre Lieblingsmeldie
laut und deutlich spielte ihr Radio
Noch am Abend zuvor war sie voller Schwung und Energie
doch am heutigen Morgen fühlte sie sich nicht recht wohl?

Gestern lief sie umher in ihren eigenen vier Wänden
eine junge Frau, die mitten im Leben stand
warum musste ihr junges Leben auf so tragische Weise enden
dass sie nicht mehr da ist, macht mich seelisch krank

Gestern noch lief sie durch die Münchener Metropole
um sich mit Freunden zu treffen in einem Gartencafe
hübsch anzusehen, gekleidet nach der neuesten Mode
bezaubernd ihr Lächeln, im Englischen Garten am See

Gestern, ja gestern hatte ich ihr noch ein Briefgedicht
geschrieben
in der Hoffnung, ihr Wohlgefallen zu gewinnen
Jenes Gedicht, in dem ich ihr meine Liebe gestand, eines
von so vielen
Kann nicht mehr klar denken, bin ganz von Sinnen

Kann keinen neuen Gedanken aufnehmen
mein Herz blutet von innen aus
Oh Gott im Himmel, was ist geschehen
dass sie so tief stürzte aus ihrer Wohnung, dass es mich
graust

Es ist, als wenn ich selbst in eine ewige tiefe Nacht stürze
und eine Ohnmacht mich ereilt und niederdrückt
es ist erloschen, das Licht meiner Liebe, so wie eine Kerze
Und mit ihr erlöscht auch mein Lebenswille, Stück für
Stück

Wahnsinn, Verfluchten fass mich an
dass sie nicht mehr da ist, dass sie aufhört zu sein
Welcher Fluch, welcher Wahn, was nicht sein darf und kann
und doch, sie ist tot, so tot, dass ich muss es herausschrein

Gestern noch hat ihr Herz geschlagen
doch heute wird es vereinigt mit dem meinen
Ehren werde ich und gedenken ihren Namen
Sie soll leben in meinen Gedichten, damit ich kann ihren
Verlust beweinen

Die Zeit, sie blieb für mich stehn
dieser Tag, er wird mich immer daran erinnern
Jener 13te Juni im Jahr 2004, gegen 13.10 Uhr
Schlaflose Nächte durchwacht, verbunden mit Schluchzen
und Wimmern

Gestern noch lachten und leuchteten ihre Augen so schön
Heute sind es die meinen, welche lassen Tränen fließen

aufgestiegen ist ihre Seele in luftige Höh'n
doch die ihrigen Äuglein werden sich für immer schlie-
ßen

Bin ein anderer Mensch geworden
kann nicht der gleiche sein, der ich einmal war
wirke auf meine Mitmenschen schon etwas verworren
und andere Ahnungslose halten mich für sonderbar

Das Reden fällt mir manchmal schwer
spür einen dicken Kloss beim Sprechen
Das Leben, es ist nicht allen gegenüber fair
Es wird nie wieder sein, ihr wunderbares Lächeln

Nun erst fühle ich, dass auch ich sterblich bin
habe nie so oft über den Tod nachgedacht
mein Leben welkt wie verdorrtes Gras dahin
möchte für immer tief schlafen, nicht mehr erwachen in
mancher Nacht

Je mehr ich darüber nachdenke, wer sie war
je mehr spür ich jetzt, was sie hat gelitten
Nach innen introvertiert, was niemand bemerkte und sah
gab sie sich nach außen fröhlich, den Gesellschaften
inmitten

Gestern noch pulsierte in ihr ihr feuriges Temperament
während sie joggte durch den Münchener Park
Ich habe sie nicht persönlich gekannt, habe meinen Kopf
gesenkt
und stehe nun in Gedenken an ihrem seeligen Grab

Nun ruht sie hier an einem stillen Ort
fernab der großen Metropole, wo sie einst gelebt
Die Welt aber dreht sich weiter in einem fort
Ihr Leben ist erloschen, ein anderes neu entsteht

Eine wundervolle, begehrenswerte Frau ist tot
und ich als ihr Ritter werde die Totenwache halten
Blumen auf ihr Grab, die leuchten wie Flammen im
Abendrot
Jung ist sie gestorben, und zurück bleiben wir „Alten"

Ich komme zu dir, du traute Ruhestätte
und nehme den süßen Duft der Grabesblumen in mir
auf
ach, wenn ich „Sie" doch bei mir hätte
Hier nun endet ihr allzu kurzer Lebenslauf

Gestern noch war mir dieser kleine Friedhof unbekannt
Seit heute ist er ein Wallfahrtsort für mich geworden
dieser Weg ist mir gegeben, gelenkt von Gottes unsicht-
barer Hand
und die Blumen auf dem Grabe werden wachgeküsst von
den Sonnenstrahlen im Morgen

Das Grab atmet in Ruh und im Schlaf
Die Vöglein hocken still in ihren Zweigen
Hier ruht nun mein Idol, meine Liebe, im Gemach
Blicke meiner Sehnsucht, Tränen die sich da zeigen

Ja, meine Sehnsucht will nun träumen
und meine bitteren Tränen in meinen Einsamkeiten

Auch die Vöglein senken ihre Köpfe in den Bäumen
und ihr trauriger Gesang soll meine Wehmut begleiten

Ich sehne mich an ihre Seite
Was geht mich noch das Leben an
sollen sie denken, was sie wollen, die unwissenden Leute
Bald werde ich „Ihr" wohl folgen, jetzt oder bald, doch
irgendwann

Die Sonne scheidet bald hinter den Dünen
der Abend kündigt sich an und steigt hernieder
Ihre Seele jetzt ist fernab der weltlichen Bühnen
Diese Gedanken holen mich ein immer wieder

Gestern noch war sie bei uns mitten im Leben
schwer trage ich es in mir, oh Gott, so hilf mir doch in
meiner Not
höre mir selbst zu beim Reden
Dunkel ist das Dasein, dunkel ist der Tod

Ich möchte ihr folgen, dort wo sie jetzt ist
dem Licht der Abendsonne entgegen
und wenn ich nicht mehr bin, dass ihr es nur wisst
wird sie als Engel auf mich warten und mich in ihre
Arme nehmen

Frei sein wie ein stürmischer Wind
denn wir wollen nicht gebunden sein
und wieder so jung sein wie ein Kind
und die Sorgen uns vergessen lassen
die in Wirklichkeit so unbedeutend sind

mit den Wolken zieh'n, und heruntersehen auf die Men-
schenmassen
zu vernehmen das Rauschen eines kleinen Baches
zu spüren den Hauch des Windes in alten dunklen Eichen
zu erleben, wie Blitz und Donner einschlagen, so kracht es
zu sehen, wie Meereswellen aufpeitschen an Felsen und
Deichen
zu hören das Schlagen jener Glocken einer kleinen Kapelle
hoch in den Bergen, wo der Himmel die Erde küsst
Jedoch, man kann uns Engel nicht sehen an jener Stelle
weil wir von Wolke zu Wolke schweben, wie das bei Eng-
lein halt so üblich ist

Ja, von dort oben hat man einen göttlichen Blick
auf unsere Welt, so einzigartig und so wunderbar
Schön ist es im Himmel, und doch sehnen und denken
wir uns gern zurück
an das, was „Gestern" einmal war

Jennifer Nitsch – Momentaufnahme

M. Nemann in Schwabing

GRABGESANG

Prolog
Dieses Thema ging mir durch den Sinn
es ist eine wehmutsvolle Melodie
ergriffen bin ich von dieser Musik, romantisch wie ich bin
es sind Mahlers musikalische Gedanken aus seiner 10ten
Sinfonie

Beim Hören wird mir Angst und Bang
denn ich denke dabei an meine Liebe, die nun nicht mehr ist
Es ist ein musikalischer Schmerz, ein Abschiednehmen, ein
Grabgesang
und es ist, als hättest „Du" mich zum Abschied noch einmal
geküsst

Es dunkelt schon, still und ruhig ist es hier an diesem Ort
Auch die Vöglein ruhen jetzt, Amsel, Drossel und Fink
laßt den Dichter noch einmal sprechen, auf ein Wort
bevor das Abendrot in den Wolken versinkt

Im Leben warst „Du" mir so fern
Im Tode bist „Du" mir jetzt so nah
Ich seh am Abendhimmel einen blinkenden Stern
Es ist, als ob er mir durch „Dich" etwas sagen will, wie
sonderbar

Eine kleine Blume hab ich „Dir" ans Grab gelegt
eine Lilie in weiss, Wintertraum hab ich sie genannt
Sie soll daran erinnern, dass mein Herz für „Dich" wei-
terschlägt
und dass ich stets an Dich denke, mein Leben lang

Meine Liebe, die ich gesucht, ist nun gefunden
hier ruht mein Liebstes in ihrem süßen Schlummer
Sie lassen mich nicht ruhn, meine seelischen Wunden
Möchte niedersinken am Grab und mit heissen Tränen
ertränken meinen Kummer

Die Tränen sollen tränken jene Blumen, die da erblühen
damit „Du" weißt, wie lieb ich Dich hab
Jene Tränen laufen herunter an meinen erhitzten Wan-
gen, um zu kühlen
möchte mich am liebsten niederlegen zu „Dir" ins Grab

Wohin mich werden meine Sehnsüchte auch treiben
Ich werde immer im Gedenken an Deinem Grab verweilen

Wo auch immer „Du" jetzt magst im Himmel sein
stets werde ich deiner gedenken, mit Tränen, die ich für
„Dich" wein

Und wenn ich am Grab geh vorbei
spreche ich aus deinen lieblichen Namen
dann weißt „Du", ich bin da und bleib Dir treu
und das nach so vielen vergangenen Jahren

Und Gedichte werde ich schreiben
die da sollen Dir alle gewidmet sein
Denn „Dir" gehört mein Herz und soll es immer bleiben
weil „Du" es mir wert bist, auf ewig Dein

Ob man mir es ansieht, die traurigen Augen
und man meinen Kummer ablesen kann auf meinem
stummen Mund
Kann nur noch auf Deinen Grabstein hernieder schauen
und spüre doch Deine Gegenwart zu dieser stillen Stund

Ich mag diese Andacht und innere Ruhe
und wünsche in Gedanken mir all die Elfen und Englein
ans Grab
die leise andachtsvoll singen und dekorieren meine weisse
Blume
so wie ich es in meinen Sommernachtsträumen oft nieder-
geschrieben hab

Leise flehen die Engelsstimmen einen sehnsuchtsvollen Gesang
und es erinnert mich an Schuberts „Ave Maria", das mir
wohlbekannt

Jene Musik, die mir so nah und zum Herzen geht
und über dem Grab mit seelischen Gesängen ein mär-
chenhafter Zauber entsteht

Wo ist es hin, das Glück, frag ich mich
Wo bist „Du", wenn ich ausspreche Deinen Namen
Wo ist das Land, von dem man als Himmelreich spricht
Warum musste „Sie" dem Leben zu früh entsagen, Fragen
über Fragen

Ich bin manchmal so wunderlich
Gebt mir einen vergifteten Becher voller Wein
dann ruhe ich auch mit ihr im ewigen Licht
Vielleicht ist es meine Bestimmung, ihr im Tode nah zu sein

Stürzen möchte ich mich in die Tiefe
wie „Du" es einst auch hast getan
einfach nur so, keine geschriebenen Abschiedsbriefe
Komm du schneller Tod, erlöse mich von meinem Wahn

Doch darf ich keine unüberlegten Gedanken hegen, tu es nicht
denn Gott allein bestimmt, wann ich komm zu „Dir" in
ewige Ruh
„Du" bist wie eine Blume, so still und lieblich
und „Du" lächelst mir sogar im Tode zu

Verzeih mir meine Sehnsüchte, mein Leiden
„Du" Herrliche, Du schönste Blume im Abendrot
„Dir" gehört mein Sehnen und Verlangen, was ewig wird
bleiben
Bist „Du" es doch, die meinem Herzen innewohnt

Nun stehe ich hier am Grabe für mich ganz allein
und lasse in Gedanken alle Mitwirkenden meiner Ge-
dichte nochmals erscheinen
Elfen, Kobolde, Ritter, Dichter und Denker, alle Roman-
tiker, die ich mein
nicht zu vergessen meine „Grabfreunde", die da meine
Trauer mit mir teilen

Da leuchtet es wieder, jenes Licht, was dort am Firma-
ment blinkt
versteckt dort oben hinter den Wolken am Himmelszelt
Es ist, als wenn ein Engel zu mir herunterwinkt
Ob es Jennifer ist? – Was für eine wundersame Welt

Es ist ein unsichtbarer Zauber, der sich da legt dem Grab
hernieder
während die Nacht den Mond verheißungsvoll begrüßt
Ich versprech es, euch allen, ihr himmlischen Geister, ich
komme wieder
um zu gedenken meiner Liebe, die hier schläft so friedlich
und so süß

Muss nun weichen von diesem Ort hier
denn so wie es im „Monolog" hat geheißen, zu Beginn
erscheint in mondhellen Nächten ein unansehnliches
Geschöpf, ein zähnefletschendes Tier
doch will es nicht Böses, es kauert still vor sich hin

Ich glaube, doch weiß ich es nicht
ob jenes Wesen nur ist entsprungen meiner Phantasie
Doch fühl ich mich ihm verbunden, ich erinnere mich

oder bin ich es selbst, der da wurde zum Wolf verzaubert,
irgendwann, irgendwie

Oh du holde Nacht, du Mond, mein guter Freund mit
all deinen Sternen
Seid willkommen und führet mich aus dem Dunkel ins
Licht
erlöset mich von meinem Übel, lasset Wärme in mein
Herz einkehren
damit ich meine unbegreiflichen Sehnsüchte stillen kann,
voller Hoffnung und Zuversicht

Dunkel und kalt ist es, Winter wird es bald werden
Was wird mir im neuen Jahr der Frühling sein?
Die Zeit, sie kommt nicht zurück auf Erden
Wird es eine neue Liebe geben, oder bleib ich doch allein?

Leb wohl, mein Liebstes, hörst „Du" den Grabgesang
all die kleinen Engelein an deinem Grab singen es nur
für „Dich"
Für deinen ewigen Schlaf, behütet von Gottes Hand
und wir, die zurückbleiben, werden uns stets erinnern,
denn ein Vergessen, das gibt es nicht

EPILOG

Auf den ersten Seiten dieses Buchs ist ein Portrait zu
sehen
es zeigt Jennifer mit kurzem Haar, so wie ich es mag
Ihre Ausstrahlung, ihr Blick, man kann ihr kaum wider-
stehen
Auch wirkte sie so in sich gehend, so manchmal ihre Art

Deshalb fühle ich auch mich mit ihr seelenverwandt
gerade weil sie so nachdenklich in sich geht
doch ihr Tod ist nicht das Ende, sondern erst der Anfang
denn sie wird mir begegnen, später einmal, wenn auch
auf einem anderen Weg

Nun sehe ich auf das Bild mit dem wehmutsvollen Blick,
den sie uns schenkt
Unsterblich habe ich mich verliebt in dieses Gesicht
Es ist ein Dichter, der dies schreibt und an sie denkt
und sich in Demut verbeugt mit den Worten: „Ich liebe
Dich"

Wenn das Leben nur ein Traum ist
wenn wir schmecken den süßen Duft des Lebens
wenn ich spüre im Schlaf ihren Mund, der mich zärtlich
küsst
dann sind diese Erzählungen, die ich geschrieben, nicht
vergebens

Diese Gedenkanzeigen schaltete der Autor dieser Gedichte in den letzten vergangenen Jahren in der Süddeutschen Zeitung jeweils am Todestag der von ihm so verehrten Künstlerin.

Foto: P. Bischoff

IN MEMORIAM AN

Jennifer Nitsch

10. 12. 1966 – 13. 6. 2004

In manch stiller Stunde

In manch stiller Stunde
betrachte ich ein Bildnis von ihr
„Jenny" spricht es aus meinem Munde
Ach, wie sehn' ich mich nach Dir

Ruhig und still verweile ich an Deinem Grab
und sehe den fliehenden Wolken nach, dort oben
Ich kann es nicht fassen, daß ich Dich verloren hab
Nun wirst Du wohl dort oben im Himmel wohnen

Und während ich Deine Ruhestätte mit Gaben schmücke
hast Du kleine Blume Dein Haupt gesenkt
Schlafe nun ruhig, mein Engel im goldenen Lichte
Ein Dichter ist es, der Dich liebt und an Dich denkt

Geheimnisvoll schaut der Mond hinter den Wolken hervor
und lieblich singt eine Nachtigall ihr Lied
Oh ihr Engel, öffnet mir doch ein Himmelstor
um ihr zu gestehen, wie sehr ich sie lieb

Du bist mir fern und doch so nah
und ich fühle den süßen Schmerz, der da drückt wie eine seelische Wunde
Darum gedenke ich auch in diesem Jahr
und ich spür Deine Gegenwart in manch stiller Stunde

M. Nemann

In Erinnerung an Jennifer Nitsch

10. 12. 1966 – 13. 6. 2004

Im wilden Wassser bunte Steine
sah ich liegen am Isarstrand
Ich blieb stehen für eine Weile
und schritt nachdenklich am Ufer entlang

Ist es der Weg der Vergangenheit
sind es die Erinnerungen, die da bleiben
Dein Antlitz leuchtet uns für alle Ewigkeit
wir wissen es, die da um Dich weinen

Sind wir nicht gleich wie bunte Steine
die da liegen schon seit langer Zeit
Lang müssen wir verweilen, „Du Liebe – Du Meine"
bis uns das Wasser weiter treibt

Aus: „Träumerische Momente" von M. Nemann

Im Gedenken an

Jennifer Nitsch

10. Dezember 1966 – 13. Juni 2004

Vor zwei Jahren bist Du von uns gegangen,
doch Du hältst mein Herz immer noch gefangen.
Gedichte habe ich geschrieben, an der Anzahl viele,
weil ich Dich so unsagbar liebe.

Wehmut beschleicht mein Herz,
zu groß ist mein Kummer und mein Schmerz.
Ich seh immer nur Dein liebevolles Gesicht,
denn Dich vergessen, das kann ich nicht.

Manfred Nemann, Bremen